성서
새롭게
다시 읽기

성서 새롭게 다시 읽기

초판 1쇄 발행 2018년 4월 2일

지은이 정성민
펴낸이 장길수
펴낸곳 지식과감성#
출판등록 제2012-000081호

디자인 이다래
편집 이현, 최예슬
교정 박솔빈
마케팅 고은빛

주소 서울시 금천구 가산동 60-5 갑을그레이트밸리 B동 507호
전화 070-4651-3730~4
팩스 070-4325-7006
이메일 ksbookup@naver.com
홈페이지 www.knsbookup.com

ISBN 979-11-6275-088-9(03230)
값 13,000원

이 도서의 국립중앙도서관 출판예정도서목록(CIP)은 서지정보유통지원시스템 홈페이지(http://seoji.nl.go.kr)와 국가자료공동목록시스템(http://www.nl.go.kr/kolisnet)에서 이용하실 수 있습니다. (CIP제어번호 : CIP2018009974)

홈페이지 바로가기

성서 새롭게 다시 읽기

정성민 지음

갈이 길을 가다가 그런 사람을 만날 때,
무시하지 않고, 기다려 주고, 갈이 가도록 격려해 주는 것이
그리스도의 제자의 자세다

지식과감성#

• 이 책의 목차 •

추천서

인류 최고의 고전을 새로운 시각으로

김호식(전 향린교회/경동교회 담임목사, 예닮교회 원로목사)

책 제목을 보면 '성서연구 가이드북' 같이 보이나, 실은 저자의 오래된 '숙성된 고민'이 쌓여 있는 설교집이다. "기독교의 메시지를 현대인의 언어로, 현대인이 이해할 수 있는 개념으로 전달되어야 한다"(P. Tillich)는 말도 있지만, 사실 시대는 빨리 변하는 데 반하여 기독교의 메시지는 아날로그 방식으로 가고 있다.

인류 최고의 고전인 성서가 현대인의 관심에서 멀어져가는 것을 안타까워하던 저자가 놀랍도록 참신하고 개성 있는 필치로 '기독교의 새로운 패러다임'을 위해 붓을 들게 되었다.

저자는 외모부터 당차고 허술하지 않다. 키는 작은 편이며 눈의 안광은 빛나고 있다. "3대가 목사를 하면 3대째에는 큰 목사가 난다"는 말이 그에게는 맞는 말이다. 조부, 부친, 본인 3대가 목사이다. 무슨 일이든 1만 시간을 투자하면 '전문가'가 된다. 그러나 저자의 3대는 1만 시간이 아니라 수십만의 시간을 한 가지에만 집중 투자했다. 저자도 어려서부터 보고 듣고 반복한 것이 목회이다. 토론토에서 잠시 한인교회 목회를 한 적이 있지만, 대부분의 긴 세월을 캐나다인 교회에서 목회했다. 그는 스마트한 영어를 구사하고 한글 저작도 야무진 데가 있다. 선배는 후배가 '청출어람' 할 때 말할 수 없이 기쁘다.

이 책이 좋은 출판사인 지식과 감성에서 출판되었다는 것도 성공의 한 요소이다. 이름 있는 출판사는 좋은 작가의 좋은 작품을 발굴하는 안목과 시스템을 가지고 있기 때문이다. 비단 크리스천이 아니더라도 한 교양인으로서 인류의 고전에 접근하려는 분들에게도 일독을 권한다. 앞으로 시리즈로 네 권이 더 출판될 예정이니 자못 기대된다.

†
서언

필자는 성민(聖民, Holy People)이라는 거룩한 이름을 가지고 2대째 목사의 가정에서 둘째로 태어났다. 아주 보수적인 기독교 문화와 교육을 받았고 초등학교 1학년 마지막 수업 시간에 담임선생님께서 한 학생씩 교단 앞에 나와서 미래의 꿈을 발표하라고 했을 때 나는 서슴없이 할아버지와 아버지의 뒤를 이어 목사가 되겠다고 말했었다. 그래서 초등학교부터 중학교, 고등학교 내내 장래 희망란에 '목사'라는 단어를 새겨 넣었다. 그래서인지 어려서부터 주일학교 개근, 삼일예배, 금요철야, 부흥성회 등을 열심히 다녔던 기억이 난다. 당시는 '부흥강사처럼 사람들의 심령에 생기를 불어 넣어주는 일을 하면 보람이 있겠구나'라는 생각을 했었다. 한국에서 종합대학에 있는 신학과를 지원할 때 아버지로부터 폭넓게 공부하고 마치고 나서 원래 소속의 교단신학대학원에 진학해서 목회자 과정을 이수하라는 말씀에 "예"라고 대답을 했었다. 그런데 4년의 대학 생활 속에서 나의 길을 찾아 나서는 작업을 하다 보니 캐나다로 유학을 오게 되었고 캐나다에서 가장 진보적인 캐나다 연합교회(The United Church of Canada) 소속의 학교에서 교육과 목사 안수를 받고 지금에 이르고 있다.

목사가 되기 위해서 20년, 목사로서 20년 이렇게 40년의 세월을 보내면서 풀고 싶은 숙제가 있었다. '어려서부터 믿어온 성서무오설과 축자영감설이 도전을 받았을 때 새로운 대안이 무엇일까'라는 고민이었다. 성서를 하나님의 말씀으로 믿고 받아들이는 입장에서 문자주의를 더 이상 고수할 수 없을 때 새로운 대안을 찾아야만 했다. 어린아이의 신앙에서 사춘기를 거쳐 어른의 신앙인으로 성장하는 과정 속에서 진리를 찾아서 여러 선생님과 글을 만났고 기쁨과 희열을 경험하는 귀한 시간을 가졌다. 여기 모은 글들은 필자가 성서를 읽고 연구하고 경험한 기쁨의 일부다. 일상생활 속에서 소소한 즐거움을 맛보고 그 속에서 영혼의 감동을 주는 글이 되지 못함을 발견하고서 부끄러움과 부족한 사람임을 새삼 느낀다. 그러나 필자가 다니던 대학의 교훈처럼 "너희가 내 말에 거하면 참 내 제자가 되고 진리를 알지니 진리가 너희를 자유케 하리라" 《요한복음》 8장 32절의 말씀에 힘입어 은유적, 풍유적 성서풀이를 세상에 내놓는다. 혼란스럽고 어지럽고 복잡한 세상살이 속에서 진리를 찾아 나서는 이들의 벗이 되고자 하는 마음뿐이다. 일평생 교회의 품 안에서 자라고 성장한 한 사람으로서 교회가 세상의 빛과 소금의 역할을 잘 감당하는 귀한 직분을 성실히 수행하기를 간절히 기원하는 마음으로 이 책을, 나의 신앙의 기초를 놓아주시고 순교하신 할아버지 정용현 목사님, 그리고 사랑하는 아버지 정충원 목사님 그리고 지금은 하늘나라에 계신 어머니 최문자 님께 바칩니다.

※ 성경 구절의 출처
한글 성경: 《공동번역》
영어 성경: 《NRSV》

기독교의
새로운 패러다임을
위하여

1장.

밀양 아리랑: 〈날 좀 보소〉

《창세기》 32:1–5, 《마태복음》 9:36–38, 15:24

《Genesis》 32:1–5

《Genesis》32:1 Now as Jacob went on his way, the angels of God met him. 2 And Jacob said when he saw them, "This is God's camp." So he named that place Mahanaim. 3 Then Jacob sent messengers before him to his brother Esau in the land of Seir, the country of Edom. 4 He also commanded them saying, Thus you shall say to my lord Esau: Thus says your servant Jacob, "I have sojourned with Laban, and stayed until now; 5 and I have oxen and donkeys and flocks and male and female servants; and I have sent to tell my lord, that I may find favor in your sight."

《Matthew》 9:36–38

36 And seeing the multitudes, He felt compassion

for them, because they were distressed and downcast like sheep without a shepherd. 37 Then He said to His disciples, "The harvest is plentiful, but the workers are few. 38 Therefore beseech the Lord of the harvest to send out workers into His harvest."

《Matthew》 15:24

24 But He answered and said, "I was sent only to the lost sheep of the house of Israel."

한국 문화의 특징 중 하나는 보는 문화라는 것이다. 한국 사람들은 많은 것을 봄으로써 이해하고 알아간다. '본다'라는 한국말을 영어로 옮기면 'Seeing'이다. 이 '본다'라는 말은 아무 데나 쓰인다. 예를 들면, 영어로 taste, 혓바닥으로 맛을 느낄 때 쓰는 말을 우리 한국 사람들은 '맛본다'라고 한다. 이 말을 영어로 문자적으로 옮긴다면 'Seeing taste'라고 해야 할 것이다. 다른 예를 들어보자. 냄새 맡아 본다(Seeing smell), 들어 본다(Seeing hearing), 예배 본다 (Seeing worship), 가 본다(Seeing going), 해 본다(Seeing dong), 장 본다(Seeing shopping). 한국 사람들은 이렇게 보아야만 한다. 추가적으로 한국 문화는 그냥 보는 것이 아니라 잘 보아 주기를 바라는 문화다. 그래서인지 우리 한국 사람들은 외관, 외모에 굉장히 신경을 쓴다. 한국에서 성형외과가 잘 될 수밖에 없다. 우리말에 "잘 봐 주세요"라는 표현은 참 여러 경우에 쓰인다.

독자 중에는 고향이 경남 밀양인 분도 계실 것이다. 밀양 분이 아닌 분들도 밀양 하면 떠오르는 것이 바로 〈밀양 아리랑〉이다. 혹자는 이창동 감독의 영화 〈밀양〉이 떠오를 수도 있고, 또 다른 사람은 밀양 출신 독립투사 약산 김원봉을 떠올릴 수도 있지만 역시 밀양 하면 〈밀양 아리랑〉이다.

밀양 아리랑 도입 부분을 보면 다음과 같다. "날 좀 보소, 날 좀 보소, 날 좀 보소…" 이렇게 '날 좀 보소'를 세 번 반복한다. 어릴 적에 이 노래를 처음 들었을 때(초등학교 다닐 때라고 기억함)는 이 노래가 별로 맘에 들지 않았다. 중년의 남자 가수가 TV 화면에 나와 "날 좀 보소" 하면서 억센 경상도 발음으로 노래를 하는데 별로 볼 게 없었다. '날 좀 보소'를 영어로 직역하면 'Take a look at me'라고 해야 할 것이다. 이화여대 서광선 박사는 밀양 아리랑을 영어로 이렇게 번역했다.

> See me well please, see me well please,
> See me well please
> as if you saw a flower in cold January.
> 날 좀 잘 봐 주소,
> 동지섣달 꽃 본 듯이 날 좀 이쁘게 봐 주세요.

Shy, shy to greet my lover at his arrival,
Smile, smile at him
holding the apron rim between the lips.
정든 임이 오셨는데, 인사를 못 해
행주치마 입에 물고 입만 방끗,

Ari–ari–rang, seu–ri seu–ri–rang, ara–ri–ga natneh
Send me across over Ari, Ari–rang Hill please.
아리 아리랑 쓰리 쓰리랑 아라리가 났네.
아리랑 고개로 넘어간다.

얼마나 운치 있고 애절한 사랑 노래인가? 오랫동안 기다리던 애인이 도착했는데 이 얼마나 반갑고 기쁘지 않겠는가! 그런데 그 기쁜 감정을 살포시 빨갛게 달아오른 볼 속에 감추고 있는 그 사랑, 동지섣달 눈 속에 핀 꽃 한 송이를 발견한 것처럼 나를 이쁘게 봐 달라는 표현이다.

우리가 신앙인으로 교회에 일주일에 한 번 와서 하나님께 예배드린다는 것이 바로 이와 같은 여인의 속마음이어야 하지 않을까! "하나님, 나 좀 참 이쁘게 봐 주세요." 나를 뚫어지게 쳐다보면서 벌도 주고 상도 주는 그런 호랑이 같은 아버지로서의 하나님이 아니라 즉, Take a look at me가 아니라, 마치 오랫동안 기다렸던 애인을 만났을 때의 설렘을 가지고 우리를 맞아 주는 하나님, 그러나 그 진솔한 감정을 적나라하게 드러내질 못하고 행주치마 자락을 입에 물고 방끗 웃는 그런 아리따운 여인의 모습으로 하나님의 이미지를 그려 보는 것도 괜찮을 것 같다. 아니, 우리 동양 사람에게는 이런 이미지로의 하나님이 더 적절할 수도 있다. 우리가 어떤 모임에 참석하기 전에 잘 차려입는 이유 중의 하나는 자신을 잘 봐 줬으면 하는 마음에서일 것이다.

사랑은 만나보질 않고서는 그 깊이를 가늠할 수 없다. 만남은 사랑을 점화시키고 지속적으로 타오르게 한다. 만나면서, 지지고 볶으면서 사랑은 깊어진다. 물론 그러다 잘못된 만남이라고 판단되어 헤어지기도 하지만, 신용복 교수의 '처음처럼' 아니면 밀양 아리랑처럼, 동지섣달 꽃 본 듯이 만났던 그 첫 만남, 그 첫사랑을 간직하고 있다면 그 사랑은 오래 지속되고 영속할 것이다. 그리고 신앙인이면 그 사랑에서 한 발자국 더 나아가자. 'See me well'도 중요하지만, 'See others well'을 실천하자. '날 좀 잘 봐 주소'도 잘 해야 하지만, '다른 사람을 잘 봐 주는 것'도 잘 하는 사람이 신앙인이다. 오늘 본문이 그것을 강조하고 있다. 야곱의 형은 큰 형답다고 할 수 있다. 못되게 굴고 장자권까지 훔쳐서 도망갔던 동생이 다시 돌아왔을 때, 형은 야곱을 잘 보아 주었다. 야곱이 어떻게 형에게 다가설 수 있단 말인가? 그것은 그 전날 밤에 야곱 앞에 하나님의 천사가 나타나 하나님께서 자신을 잘 봐 주신다는 확신을 했기 때문이다. 그런 믿음과 확신은 우리 삶 속에서도 요구된다. 나는 그 이후에 동생 야곱이 형에게 더 잘 했을 줄로 생각한다. 왜냐면, 잘 봐 주면 사람이란 더 잘 하려고 하기 때문이다. 우리가 서로서로 잘 보아 주면 상승효과(synergy)가 일어나서 우리 삶의 공동체가 더욱 아름답고 성숙하고 온전하게 진화 · 발전할 것이다.

신의 아들이 이 땅에 오신 이유는 죄인들을 잘 봐 주기 위해서이다. 《Matthew》 18:11, "For the Son of Man has come to save that which was lost." 죄인이란 길을 가다가 낙오된 사람, 혹은 길을 잃어버린 사람들을 일컬은 말이다. 같이 길을 가다가 그런 사람을 만날 때, 무시하지 않고, 기다려 주고, 같이 가도록 격려해 주는 것이 그리스도 제자의 자세다. 오늘날 우리 사회의 문제점이 무엇인가? 나만 잘 봐 주소만 판치기 때문이다. 나뿐만 아니라 남도 잘 돌보아주는 세상, 그것이 바로 신의 자녀들이 꿈꾸는 세상, 만들어 가야 할 세상이다. 예수께서는 그러한 일꾼이 부족함을 한탄하셨다. 그리고 제자들을 보내면서 이스라엘의 잃어버린 양을 찾아가라고 당부하신다(《마태복음》 10:5–6 참조). 예수께서는 엠마오로 향하던 제자들에게 낯선 사람으로 다가오셨지만, 또 한편, 그의 제자들에게 향하여 잃어버린 양들을 찾아 나서라고 하셨다. 오늘 우리 주변의 많은 사람이 교회에 실망하고 떠난다. 그래서 스스로를 '가나안(교회 안 나가를 역설적으로 표현함)' 교인이라 주장하는 사람들이 많아지고 있다. 어쩌면 이들은 진리를 찾아 나선 사람들일 것이다. 기존의 패러다임에서 답을 찾지 못했기에. 그런 분들에게 낯선 사람으로 다가가고 싶다. 날 좀 잘 봐 주기를 바라면서….

2장.
바보야! 문제는 패러다임이야!

《고린도전서》 3:16

"Do you not know that you are God's temple and that God's Spirit dwells in you?" (NRSV)

"너희가 하나님의 성전인 것과 하나님의 성령이 너희 가운데 거하는 것을 알지 못하느뇨?" (한글개역성경)

벌써 30년의 세월이 흘렀다. 87년 봄으로 기억된다. 호언철폐, 독재타도, 한열이를 살려내라는 구호를 캠퍼스에서 명동에서 외치면서도 Y대학 H 교수의 '종교개혁사'를 빠짐없이 들었다. 내용은 간단하다. 패러다임이 바뀌었다는 것이다. 예술, 문학, 그림, 철학, 과학의 세계에 기존의 X+Y 구조에서 X^2의 구조로 패러다임의 변화가 왔다는 것이다. 그 구조의 변화를 한 마디로 르네상스라고 하고 서양 기독교에서 이 새 패러다임을 들고 나온 사람이 마틴 루터다. 그것이 종교개혁이라는 것이다.

서양 사회에 1,000년의 암흑기(5세기부터 15세기)를 이끌고 온 X+Y 패러다임을 한 마디로 예를 들면, 말이 마차를 끄는 구조다. 즉, (로마)

교회(X)가 민중(Y)을 신성의 세계로 인도한다는 것이다. 교황의 가르침에 복종하고 따르는 것이 최선의 방법이었다. 반항하거나 저항하면 죽는 구조다. 마녀사냥으로 죽고, 십자군에게 칼 맞아 죽었다. 그렇게 1,000년을 끌고 왔고, 끌려왔다. 그러다가 그림을 그리는 사람들이 눈을 뜨기 시작한다. 정해진 규칙이나 틀에 의해 그림을 그리지 않고 있는 그대로를 있는 그대로(X를 X로) 그리는 것이다. 원근법을 적용하는 새로운 패턴이 이때 등장한다. 많은 다른 분야에서도 이런 X 제곱의 패턴이 나오고 종교에서는 루터가 《시편》을 연구하는 가운데 '우리를 의(X)롭게 하시는 하나님의 의(X)로 구원에 이를 수 있다'는 확신의 새로운 패러다임을 발견한 것이 그의 종교개혁의 시작이다.

한 학기의 강의 내용을 30년이 지난 지금 요약해 보았다. 그런데 그의 마지막 강의 내용을 잊을 수가 없다. 이 새로운 패러다임이 다름 아닌 루터에 의해서 '도루묵'이 되었다는 것이다. 실천 과정에서 영주의 편에 서서 민중을 폭도로 매도하고 압살하는 X+Y의 구조로 되돌아간 것이다. 그래서인가, 루터의 개혁 정신을 따른다는 많은 한국의 개신교회들이 그 언행 불일치로 사회의 지탄과 비난을 받고 있는 데는 그 근본 한계가 종교개혁 처음부터 있었던 것이 아닌가 생각된다. 말은 X 제곱을 설교하면서 행동할 때는 마치 자기가 교황이나 되는 것처럼 아니면 교주처럼 "나를 따르시오"라고 하거나 더 심하면 '나만 따르시오'를 강요하는 X+Y의 구조가 한국 교회 현 상황이다.

우리가 사는 21세기는 이제 XX의 패러다임에서 XXX의 패러다임으로 진화하고 있다. 가장 좋은 XX의 예는 자동차(automobile)다. 이름 그대로 자가동력이다. 엄밀하게 말하면, X+Y 패러다임은 X+Y+Z라고 해야 더 일리가 있고, XX 패러다임은 XX+Z라고 해야 더 타당하겠다. 왜냐면 마차를 움직이는 것도 사람(Z)이요, 자동차를 움직이는 것도 사람(Z)이기 때문이다. 그러나 이제는 진정 X^3 패러다임이 도래한 시대에 살고 있다. 인공지능의 시대요, 알파고의 시대다. 집 안 구석구석을 청소하는 비행접시 모양의 작은 청소기가 좋은 예다. 자동차도 이제 사람의 손 필요 없이 움직이는 시대가 상용되는 것이 우리의 현실이다. 문제는 여기에 있다. 세상은 새 패러다임으로 진화하고 있는데 종교는 옛 패러다임 그것도 시대에 한참 뒤진 X+Y+Z의 패러다임으로 세상을 구원하겠다고 난리들이다. 지금 기독교에 희망이 있는가? 늦었지만 또 한 차례의 패러다임의 전환이 요청되는 것이다. 나는 이 패러다임을 바울의 사상에서 찾는다. 그가 고린도 교회에 보낸 편지글에 다음과 같은 표현이 있다.

《고린도전서》 3:16

"Do you not know that you are God's temple and that God's Spirit dwells in you?" (NRSV)

"너희가 하나님의 성전인 것과 하나님의 성령이 너희 가운데 거하는 것을 알지 못하느뇨?" (한글개역성경)

그리스 사상의 기본 바탕은 '몸이 무덤이다(soma sema–The body is the tomb)'라는 데서 출발한다. 바울의 사상은 여기에서 업그레이드된 것이다. "네 몸뚱이는 무덤이 아니라 신의 성전이다. 그리고 네 몸속에 신성(하나님의 영, 그리스도)이 거하고 있다"라고 일갈하고 있다. 나와 내 몸과 신의 영이 내 속에서 하나가 된 구조다. X^3의 패러다임이다. 언제부터 신의 영이 내 속에 내재되었을까? 정통 기독교 신앙에서는 '예수를 믿고 받아드리는 순간'이라고 가르친다. 맞는 말이다. 그런데 '믿고 받아들인다는 것이 무슨 뜻인가?' 눈에 보이지 않는 하늘의 영이 내가 고백하는 순간 내 몸속으로 들어온다는 말인가? 신의 영은 누구에게나 주어진 선물이라고 본다. 다시 말하면, 타고나면서부터 신성은 누구에게나 그 속에 내재해 있다. 다만 잠재해 있을 뿐이다. 마치 한 알의 씨앗처럼…. 그 씨가 제철에 땅에 떨어져 죽어야만 새싹이 움트고 자라고 열매를 맺는 것처럼, 신성(그리스도)도 내 몸속에서 죽어야만 신성으로서의 내가 거듭나는 것이다. 그래서 육의 뜻이 아닌 신령의 뜻이 나를 통해 현실화되는 것이 기독교의 본질이라 믿는다.

2,000년 전 예수 안에서 일어났던 성육신 사건이 내 속에서도 일어나야 참 기독인이리라. 그러므로 내 속에 신성이 있다는 것을 깨닫는 것, 인식하는데 모든 신앙의 첫걸음이라 여겨진다. 내 속에 신성이 있다는 것을 깨달을 때(불교식으로 생각할 때) 다른 사람 속에도 신성이 있다는 것을 보게 된다. "내가 성불해 보니 세상이 온통 부처 천지더라"는 말

과 일맥상통한 말이다. 종교나, 문화나, 인종이나, 피부색이나, 나이나, 성별 혹은 성 취향을 떠나서 각각이 제 속에서 신성을 발견할 때 서로가 형제요, 자매요, 한뿌리임을 인식할 수 있다. 그렇지 않고 기독교 우월주의적 입장에서 타 종교나 문화를 업신여기고 선교의 대상으로 삼는 지금의 한국기독교는… 아! 말을 삼가자.

서양 사람들에게 정통 기독교보다 불교가 새롭게 인식되고 각광을 받는 이유를 알 듯하다. 왜? 문제는 나 자신이지, 네가 아니기 때문이다. 즉, '내가 깨달았느냐'가 문제지, 남의 문제 가지고 왈가왈부하지 않는 시대에 살고 있기 때문이다. 한반도에 여전히 점쟁이에서부터 총천연색 종교들이 판치는 것을 보면 여러 원시 패러다임부터 포스트 모던 패러다임이 공존하는 사회라 생각된다. 그래서 삶이 다이내믹하고 또 한편 위태위태한지도 모른다. 이제 사도 바울의 갈라디아서 편지글 중 이 부분을 이해할 듯하다.

《Galatians》 3:28

There is no longer Jew or Greek, there is no longer slave or free, there is no longer male and female; for all of you are one in Christ Jesus.

유대인이나 헬라인이나, 자유인이나 노예나, 남자나 여자나 당신들 모두는 그리스도 안에서 하나입니다.

옛 패러다임에서는 이 부분을 해석할 때, 세상 모든 사람을 인종과 성별, 신분에 구분 없이 그리스도 안에서 하나로 만들려면 모든 사람을 그리스도인으로 개종해야 한다는 대 전제가 바탕이 되어야 한다고 보고, 남의 땅을 허락도 없이 (뺏으러) 군대를 보내면서 선교사도 끼워 보냈다. 결과는 피를 동반한 전쟁이요, 살육이었다. 사랑인 그리스도의 이름으로…. 미국의 전임 대통령 부시나 현 트럼프로 상징되는 미국의 극우보수 근본주의 기독교의 이름으로 지금도 같은 일이 반복되고 있다. 아니다. 더 이상은 아니다. 온 세상 사람들(유대인이나 팔레스타인, 한국인이나 일본인, 인도인이나 파키스탄인)이 하나가 될 방법은 각자가 그 속에 신성이 있음을 깨달을 때 가능하리라 본다. 불교는 큰 문제가 없어 보인다. 스님들이 잿밥에 관심을 기울이지 않고 원래 가르침대로 하면 21세기를 이끌 종교로 부각될 것이다. 문제는 기독교, 이슬람교, 유대교다. 같은 뿌리에서 나온 한 형제들이 아직도 으르렁거리고 배타적이고 싸우고 있다. 무엇이 문제인가? 신을 밖에서 찾고 믿고 있기 때문이다. 바울처럼 내 속에 있는 신을 찾고 만나면 될 텐데….

3장.

잃어버린 양을 찾아서

†

《Matthew》 18:11-14

11 For the Son of Man has come to save that which
was lost. 12 What do you think? If any man has a
hundred sheep, and one of them has gone astray, does
he not leave the ninety-nine on the mountains and go
and search for the one that is straying? 13 And if it turns
out that he finds it, truly I say to you, he rejoices over
it more than over the ninety-nine which have not gone
astray. 14 Thus it is not the will of your Father who is in
heaven that one of these little ones perish.

캐나다 연합교회는 캐나다 장로교회, 캐나다 감리교회, 그리고 회중교단이 1925년에 연합하여 세운 캐나다 주류 교단이다. 연합교회는 캐나다 현대사에서 정치, 사회 문화 전반에 걸쳐서 긍정적인 반향을 일으켜 왔다. 예를 들면, 1936년에 여성 안수를 주었고, 1986년에는 백인 사회/정부/교회가 캐나다 원주민들에게 저지른 인종/문화학살에 대해서 사과를 했다. 그 결과 10여년이 지난 후 캐나다 보수당 정부도 연방 국회에서 원주민 대표들을 모시고 전국에 생중계되는 현장 속에서 연방 수상이 나와서 공개적으로 사과를 하고 보상 및 향후 대책을 세우고 관계 개선을 위해서 노력하고 있는 중이다. 그러나 이러한 일련의 과정 속에서도 한편으로는 우리 연합교회에 속한 많은 교회 역시 교인의 노령화, 젊은 층의 외면화 등으로 교세가 급격히 줄어가고 있는 형편이다. 물론 젊은 부부들이 아이들의 유아세례를 위해서 교회를 찾아오는 경우도 있지만, 교회에 정착해서 신앙생활을 지속적으로 하는 경우는 참 드물다. 그래서 주일 예배 시간에 아이들의 울음소리를 듣는 것을 반가운 소리로 여기는 교인들도 있다. 한국에서 신앙생활을 할 때 어린아이를 데려온 부모들을 위해서 유리창 칸막이를 만들어서 부모님과 유아들이 함께 예배를 드리는 모습과는 사뭇 대조되는 현상이 벌어지고 있는 것이다. 사실, 어린아이의 울음소리가 없는 교회는 상당히 심각한 교회이다. 왜? 교회의 미래가 없다는 소리와 별반 다르지 않기 때문이다. 소위 진보를 추구하는 교회들이 가지고 있는 가장 큰 도전 중의 하나는 자신들이 가지고 있는 신앙을 어떻게 다음 세대에 전수할 수 있을까? 캐나다 연합교회도 지난 10년 동안 잃어버린 세대를 타깃으로 교단 총회 차원에서 다양한 프로그램과 재정적 지원을 했지만 미미한 결과만을 남겼을 뿐이다.

《시편》 78편 5-7절 말씀이다.

"여호와께서 증거를 야곱에게 세우시며 법도를 이스라엘에게 정하시고 우리 조상들에게 명령하사 그들의 자손에게 알리라 하셨으니 이는 그들로 후대 곧 태어날 자손에게 이를 알게 하고 그들은 일어나 그들의 자손에게 일러서 그들로 그들의 소망을 하나님께 두며 하나님께서 행하신 일을 잊지 아니하고 오직 그의 계명을 지켜서…"

이런 말씀이 성경에 있다는 것은 한 generation의 복음을 그다음 세대에 전하는 것이 예나 지금이나 쉽지가 않다는 뜻이기도 하다. 왜 우리 젊은 세대들은 교회를 떠났지? 여러 원인이 있지만, 교회를 떠난 가장 근본적인 원인 중의 하나로 유아기에서 성장하여 청소년기로 접어든 자녀들을 유아기적 신앙으로 가르치려고 하는 데 있다고 진단하고 싶다. 즉, 캐나다라는 다문화, 다종교의 사회와 학교생활에 익숙한 자녀들에게 교회만이 진리를 소유하고 있다는 배타적인 논리와 예수천당 불신지옥이라 이분법적인 패러다임의 신앙 논리가 이제 더 이상 받아들여질리 없다는 것이다.

필자는 캐나다 뉴브런즈윅주에서 소위 바이블 벨트라는 지역에서 10년간 목회를 한 적이 있다. 당시 중 · 고등학교를 다니던 딸이 자기 친구들이 고등학교에 와서는 교회 다니는 것을 그만두고 심지어는 Atheist라고 선언을 하고 성서를 문자적으로 믿는 친구들만이 교회에 계속해서 다니고 있다는 것이다. 또 수업 시간에 토론할 때 교회에 열심히 다니는 친구들하고는 대화가 되질 않는다고 불평을 하는 경우도 종종 있었다. 너무 일찍이 기독교 근본주의, 문자주의에 세뇌되어서 합리적 이성적 사고가 불가능하게 되었다는 말이기도 하다. 어떻게 보면 신앙의 성장판이 닫혀버렸다고 말할 수도 있다. 나는 우리 자녀들이 교회 생활도 열심히 하면서 성숙한 사회인으로 성장했으면 한다. 《고린도전서》 13장에서 언급한 사도 바울의 고백처럼 엄마 젖만 먹던 신앙에서 밥도 먹고 고기도 소화해 낼 수 있을 정도로 튼튼한 이와 위를 가진 어른의 신앙인으로 발전했으면 한다. 물론 젖니에서 영구 치아로 바꾸는 과정에는 고통이 따른다. 그리고 영구 치아를 가졌어도 관리를 잘하지 않으면 썩고 부패해진다. 필자는 아주 보수적인 신앙에서 자랐는데 그 어릴 적 신앙을 극복하는 데만 20여 년이 걸렸음을 고백한다. 오해하지 않기를 바란다. 어릴 적 신앙이 잘못되었다는 것이 아니다. 성장하려면 옛것을 벗어야만 한다는 것이다. 또 한 가지 분명히 말씀드리고 싶은 것은 나는 교회의 전통과 문화와 언어를 존중하고 사랑한다는 것이다. 나는 또한 교회를 한 번도 떠난 적이 없다는 것이다. 나는 초등학교 1학년 7살 때 목사가 되겠다고 담임 선생님과 급우들 앞에서 선언한 이래로 성서에 감춰진 진리를 찾아 40여 년을 떠돌았다. 그러면서 깨달은 첫 번째 진리(진리에 이르는 첫 번째 단계)는 성서는 문자적으로 읽어서는 안 된다는 것이었다. 성서를 문자적으로 읽는다는 말은 성서에 기록된 이야기들을 과거에 일어난 fact로 믿는다는 것이다. 즉, 성서에 일어난 모든 불가사의한 이야기를 divine intervention, 신의 직접적인 개입으로 믿는다는 것이다. 또한, 성서를 문자적으로 믿는 사람들은 성서에서 모든 답을 찾으려고 한다는 것이다. 그들은 성서에 하나님이 천지를 7일 만에 창조했다고 믿는다. 그리고 그들은 마태와 누가에 있는 예수의 족보를 기초로 그 할아버지들의 나이를 종합해서 아브라함 그리고 아담까지 거슬러 올라가서 지구의 나이를 계산해 보니 4,004년 B.C.에 지구가 창조되었다고 믿는다. 사실 교회는 한 번도 이렇게 주장한 적이 없다. 이것은 사실 19세기 말, 영국의 한 복음주의 교회 목사가 계산해서 설교한 것이 복음주의 교회에 지난 100년 동안 퍼진 결과일 뿐이다. 성서를 문자적으로 믿는 사람들은 노아의 홍수 이야기, 홍해가 두 쪽으로 갈라지는 이야기, 요나가 고래 뱃속에서 3일을 지낸 이야기, 하늘에서 내려온 만나로 광야 생활 40년 동안에 60만의 이스라엘 백성들을 먹인 이야기, 물 위를 걸으신 예수 이야기, 보리떡 다섯 개와 물고기 두 마리로 5천 명을 먹인 이야기, 마리아의 처녀 잉태, 예수의 육체적 부활 등을 문자적, 역사적 사실로 믿고 이런 것을 믿어야 천국에 갈 수 있다고 설파한다. 그리고 그들은 모든 사회적 윤리나 갈등의 해결을 성서에서 찾으려고 한다. "What does the Bible say?", "The Bible says, No…." 그래서 낙태를 무조건 반대하고 Homosexuality를 반대한다. 이유는 성서의 몇 구절이 No라고 말하기 때문이다. 이 책을 접하는 독자 중에도 성 정체성과 동성 결혼에 대해서만은 "나도 반대" 이렇게 말씀하실 분도 꽤 있을 줄 안다. 그런 분들에게 질문을 드려 본다. 노예제도를 찬성하십니까? 성서에는 노예제도를 지지하는 구절들이 많이 있다. Polygamy, 일부다처제를 찬성하십니까? 믿음의 조상 아브라함을 보라. 야곱의 예를 보라. 일부다처제다. 지금도 캐나다 B.C.주에 한 기독교 종파는 성서를 문자적으로 믿기에 일부다처제를 주장하고 또 그러한 삶을 살고 있다. 솔로몬을 보라. 일부다처가 아니라 일부천처제다. 한 여자하고도 서로 지지고 볶고 하는데 그런 차원에서 보면 솔로몬은 지혜로운 왕임이 틀림없다. 필자의 요지는 성서를 문자적으로 읽으면 이런 문제에 답이 없다는 것이다. 문자주의자들은 일반적으로 Gender equality를 반대한다. 성서에 "여자는 남자에게, 아내는 남편에게 복종하라고 되어 있잖아" 하면서 말이다. 오늘날, 학교에서, 국회에서, 사회 직장에서 그런 말을 하면 당장 사표를 내야 한다. 그런데 아직 많은 교회에서는 여성 안수를 거부하고 있다. 아이러니하게도, 그런 교회에 여 신도들이 더 많다.

이 책을 통해서 필자는 성서를 역사적, 비유적, 은유적, 그리고 풍유적으로 읽는 방법을 독자들에게 소개하려고 한다. 첫 번째, 역사적이라 함은, 흔히들 'Did it really happen?' 이렇게 이해할 것입니다. 즉, 과거에 일어난 실제적(Factual) 사건의 기록이라는 말로 이해한다. 하지만 이는 잘못된 해석이다. 물론 성서 안에 그 역사성은 있다. 그러나 역사적 기록이란 기록자가 사관을 가지고 기록한 것이다. 멀리 갈 것도 없다. 1980년 5월 18일 광주의 사건을 역사적으로 어떻게 받아들이십니까? 광주 사태인가? 북한의 지령을 받은 폭도들의 난입인가? 전두환 군부 독재를 반대했던 민중의 항쟁인가? 아니면 일부 정치군인들이 주장하는 것처럼 '구국의 결단'인가? 개인의 정치적 성향, 역사적 인식 여부에 따라 다르게 해석되고 받아들이는 것이 작금의 현실이다. 즉, 성서를 역사적 접근 방법으로 해석한다는 말은 성서가 그 기록된 고대 근동 시대에 그들에게 어떤 의미로 쓰였는가를 먼저 살펴본다는 것이다. 그러고 나서 그 성서의 말씀이 오늘을 사는 우리에게 어떻게 재해석되고 선포되어야 하는가를 고민하고 답을 찾아야 한다는 것이다. 왜 이런 해석 방법이 필요하냐면 성서는 하나님의 말씀을 선포하고 기록한 사람들이 그 시대 상황 속에서 그 시대 사람들에게 향한 메시지이지 2,000년, 3,000년 이후 사람들을 위해서 쓰인 것이 아니기 때문이다. 이사야가 선포하고 예레미야가 한 설교가 그 시대 사람들을 위한 것이지 2,500년이 지난 지금의 우리들을 위해서 하는 설교가 아니라는 뜻이다. 목사로서 그리고 설교가로서 교우들을 상대로 설교를 할 때, 지금 여기서(Here and Now) 그리고 우리 시대를 향한 메시지를 준비하는 것이지, 지금으로부터 2,000년 이후 사람들을 위한 메시지가 아닌 것과 같은 이치다. 두 번째, 필자는 성서를 은유적, 비유적, 풍유적으로 읽고 해석해 나갈 것이다. 왜? 성서적 언어 자체가 그렇게 쓰여 있기 때문이다. 예를 들면, 내주는 나의 산성 방패라 했을 때, 하나님이 문자적으로 산성이요, 방패인가? 아마도 그렇게 이해하는 사람들은 아무도 없을 것이다. 즉, 성서적 언어 자체가 상징적 은유적 표현이다. 문제는 우리가 이처럼 한 단어, 한 문장을 다룰 때는 이것이 상징적 표현이라는 것은 알지만, 성서의 한 이야기 전체, 아니 예수의 비유뿐만 아니라 예수의 이야기 자체를, 아니 하나님의 말씀 전체를 이렇게 은유, 비유로 읽고 해석할 눈이 있느냐는 것이다. 《시편》 78편 2절에도 그렇게 말하고 있다. "내가 입을 열어 비유로 말하며 예로부터 감추어졌던 것을 드러내려 하니…" 하나님의 말씀이 인간의 언어로 표현될 때는 비유로 표현될 수밖에 없고 또 그 말씀의 보편성 때문에(너무나 단순하고 상식적이기에) 감추어져야만 한다는 것이다. 그렇지 않으면 사람들이 그 보편성의 진리와 가치를 무시하거나 업신여기기 때문이다. 그러하기에 설교가는 그 비유 속에 숨겨진 진리, 보화를 발견해야만 하고 그것을 나누고 전할 책임이 있고 우리는 그 진리의 보화를 우리 자녀들에게 전할 필요가 있는 것이다.

《마태복음서》 18장 잃어버린 양 한 마리 이야기는 그 자체가 비유이기에 이를 문자적으로 읽고 믿는 사람들은 없을 것이다. 이 본문에 대한 전형적인 해석 중의 하나는 다음과 같다. '우리 교회 다니는 사람들은 울타리 안에 있는 양, 그래서 안전하고, 구원을 받은 양들이고, 교회 밖에 있는 사람들, 교회를 떠난 사람들은 한 마리의 잃어버린 양, 그래서 그들을 교회로 인도하는 것이 하나님 아버지를 가장 기쁘게 하는 우리의 사명이다.' 예수의 비유를 문자적으로 읽고 해석하는 가장 전형적인 설교형태라 할 수 있다. 좀 더 깊이 있는 해석이 요청된다. 필자는 이 비유를 교회 출석 여부의 문제가 아니라 이 세상에 태어난 우리 모두를 '한 마리의 잃어버린 양'으로 비유하고자 한다. 우리들의 원래 본향인 하늘나라에 있었더라면, 혹은 아담 이브처럼 에덴동산에 머물러 있었더라면, 아니면 어머니 배 속에 계속 있었더라면(비유로 읽으면 다 같은 뜻임), 주는 것 먹고 편히 지낼 수 있었을 텐데, 이 세상에 태어남으로 인해서 즉, 울타리 밖(에덴의 동쪽)으로 나옴으로 인해서 고생문이 시작인 것이다. 한 은퇴 교우께서 하신 말씀이 기억난다. "1년 반 전에 은퇴를 했는데, 아들 하나가 병들어 아팠는데 그 자식이 나아질 만하니 두 번째 자식이 병들어 병 수발하느라 더 힘들다"고 하시면서 친구들을 만나면 은퇴하지 말라고 우스갯소리를 하셨다. 저의 아버지도 33년 동안 한 교회에서 목회를 하시고 은퇴를 하셨는데 그때부터 어머니께서 치매에 걸려서 10년 이상을 고생하시다 돌아가셨다. 이를 어떻게 받아들일 것인가? 하나님의 벌인가? 그렇지 않다고 단호하게 말하고 싶다. 인생살이 자체가 한 마리의 잃어버린 양으로 사는 것이라고 해석하고 받아들이고 싶다. 《마태복음》 18장 잃어버린 양에서 복음은 하나님의 영이 잃어버린 양을 계속해서 찾고 동행하신다는 것이다. 21세기에도 교회를 찾고 신앙생활을 하는 이유가 무엇일까? 한 마리의 잃어버린 양으로서 이 험한 세상 좋은 가이드를 받고 싶어서이지 않을까! 삶 속에서 진리의 말씀을 추구하고 또 말씀 그 자체의 귀중함을 아는 사람들은 제 이야기에 동의할 것으로 믿어 의심치 않는다.

성서를 은유와 풍유(알레고리)로 다시 읽기

4장.

물 위를 걸으신 예수: 다시 생각하기

《마태복음》 14: 22-33

(14:22) 예수께서 즉시 제자들을 재촉하사 자기가 무리를 보내는 동안에 배를 타고 앞서 건너편으로 가게 하시고 (14:23) 무리를 보내신 후에 기도하러 따로 산에 올라가시니라 저물매 거기 혼자 계시더니 (14:24) 배가 이미 육지에서 수 리나 떠나서 바람이 거스르므로 물결로 말미암아 고난을 당하더라 (14:25) 밤 사경에 예수께서 바다 위로 걸어서 제자들에게 오시니 (14:26) 제자들이 그가 바다 위로 걸어오심을 보고 놀라 유령이라 하며 무서워하여 소리 지르거늘 (14:27) 예수께서 즉시 이르시되 안심하라 나니 두려워하지 말라 (14:28) 베드로가 대답하여 이르되 주여 만일 주님이시거든 나를 명하사 물 위로 오라 하소서 하니 (14:29) 오라 하시니 베드로가 배에서 내려 물 위로 걸어서 예수께로 가되 (14:30) 바람을 보고 무서워 빠져 가는지라 소리 질러 이르되 주여 나를 구원하소서 하니 (14:31) 예수께서 즉시 손을 내밀어 그를 붙잡으시며 이르시되 믿음이 작은 자여 왜 의심하였느냐 하시고 (14:32) 배에 함께 오르매 바람이 그치는지라 (14:33) 배에 있는 사람들이 예수께 절하며 이르되 진실로 하나님의 아들이로소이다 하더라

먼저, 이번 장을 읽기 전에 You Tube에 Just for Laughs Gags TV에서 제공한 프로그램 중 'Jesus Walks on Water'라는 동영상(https://www.youtube.com/watch?v=HLSIHYbedII)을 보았으면 한다(1분 40초 소요). 기독교인으로서 이 동영상을 보고 느낀 점이 있다면? 이 글을 쓰고 있는 현재 전 세계적으로 약 430만 명이 클릭해서 이 동영상을 보았다. 이 동영상을 본 사람들이 기독교를 긍정적/부정적으로 평가할까? 이를 그냥 웃고만 넘긴다면 기독교가 전하고자 하는 메시지가 웃음거리, 조소거리의 소재밖에 되지 않기 때문이다.

우선 우리 신앙의 영적 나이를 점검해 보자. 다른 말로 하면, 여러분의 영적 Level은 어떤 단계에 와 있는가? 1단인가? 2단인가, 아니면 3단인가?

신앙의 첫 번째 단계는 다음과 같다. 성경을 읽고 문자적으로, 무조건적, 무비판적으로 받아들이는 단계다. 교회는 오랫동안 아니, 기독교가 로마제국의 국가종교(State religion)가 된 4세기 이래로 이 첫 번째 단계에 머무르도록 강요해 왔다. '우리가 진리를 소유하고 있다. 진리와 생명에 이르는 열쇠를 쥐고 있다. 당신들이 할 일은 그냥 단순하게 교회가 가르치는 것을 믿고 따르는 것이다. 어린아이처럼 순진하게 받아들이기만 하면 된다(다시 말하면, 천국 간다). 거기서 벗어나는 것, 성장하는 것은 위험한 발상이다. 그러니 교회의 가르침에 대해서는 일절 문제

제기하지 말라. 교회 권위에 도전하지 마라. 이것은 당신의 구원과 안전을 위한 것이다.' 교회는 지난 1,700여 년 동안 이렇게 강요해 왔다. 신자들은 이렇게 세뇌당해 왔다. 물론, 이런 가르침이 지금도 일부 지역과 대부분의 교회와 교인들의 마음을 사로잡고 있다는 것 또한 부인할 수 없다.

교회사에서 신앙의 두 번째 단계는 약 200여 년 전에 독일과 영국의 성서학자들에 의해서 시작되었다. 그들은 성서를 역사적, 문학적, 사회적 background를 가지고 비평학적인 시각으로 읽기 시작했으며 특히 비교 종교 연구를 통해서 기독교와 다른 종교를 비교하기 시작했다. 기독교의 절대성이 아니라 상대성을 보게 된 것이다. 그러는 동안 유럽이나 북미에서는 과학과 계몽주의 운동이 일어나면서 보통 사람들의 눈이 떠지기 시작했고, 그 결과 제1단계에 있던 사람들이 교회를 떠나기 시작했다. 그래서 오늘날, 그리고 post modern한 사회 구조 속에서 살고 자라고 있는 보통 사람들은 1단계의 교회의 가르침이 자기들의 몸에 맞지 않는다고 느끼기에 교회를 외면하고 있다. 심지어는 세상 사람들이 오히려 교회를 염려하고 걱정하는 단계에 이르렀다. 그 결과 많은 젊은이가 교회를 떠나 배회하고 방황하는 영혼으로 남아 있다. 그들은 교회라는 제도의 틀을 더 이상 두려워하지 않는다. 그래서 이렇게 주장한다. I am spiritual but not religious. 나는 영적이지 종교적이지 않다.

필자도 개인적으로 이처럼 신앙의 1단계, 2단계를 거쳤다고 감히 주장하고 싶다. 다른 점은 나는 교회를 떠나지 않았다는 점이다. 지천명이라는 오십의 세월을 살아오면서 20여 년의 어린아이와 같은 신앙, 무조건 무비판적인 받아들임의 신앙인 1단계를 보냈고 또 20여 년을 신학과 성서의 역사적 예수 연구를 통해서 성장하고 비판적인 시각을 키워왔다. 그러다 보니 어느덧 1단계, 2단계를 통합하는 제3단계의 세계에 10여 년 전부터 들어왔다. 다시 말하면, 성서의 이야기가 먼 옛날 호랑이 담배 피우던 시절의 이야기가 아니라 나의 영적 여정을 위한 guide book(지침서)임을 발견하게 된 것이다. 성서 안에 무궁무진한 보화가 숨겨져 있음을 보게 된 것이다. 마커스 보그의 표현대로 신앙의 신화화, 비신화화 작업을 넘어서 이제 재신화화 작업을 하고 있다. 목사 안수를 받고 지난 20여 년 궁리하며 선한 싸움을 싸워 오면서 사투를 벌인 문제는 '어떻게 성서라는 보물 상자에 숨겨진 보화, 지혜를 캐낼 수 있을까'였다. 그러면서 배운 것은 먼저 보물 상자를 오픈하는 열쇠가 있어야 함을 깨달았다. 귀 있는 자만이 들을 수 있고 눈 뜬 자만이 볼 수 있게 만들어 놓은 것이 바로 성서의 매력임을 알게 되었다.

오늘 필자의 본문 해석은 바로 그 신앙의 세 번째 단계의 서문에 해당된다. 예수께서 물 위를 걸었다는 이야기는 네 복음서 중 《누가복음》을 제외한 세 복음서에 기록되어 있다. 《마가복음》과 《요한복음》은 상당히 동일하고 그리고 《마태복음》에 있는 기록은 다른 두 복음서와 약간의 차이가 있다. 신앙의 첫 번째 단계에 있는 사람들은 예수께서 물 위를 걸었다는 이야기를 문자적으로 있는 그대로 믿고 받아들이는 사람들이다. 왜, 그는 하나님의 아들이니까! 슈퍼맨과 같은 슈퍼파워를 지닌 분 아니신가? 라고 생각한다. 신앙의 1단계에 계신 분들이 그것이 좋다면 어떻게 하겠는가? 그대로 믿고 살겠다는 분들과 불필요한 소모전을 하고 싶지는 않다. 그런데 그분들에게 한 가지 advice 드리고 싶은 것은, 믿기는 믿되 그 믿는 것을 일상생활 속에서 행동으로는 옮기지는 말라는 것이다. 필자가 한국에서 중학교 다닐 무렵에 읽었던 신문기사를 아직도 기억하고 있다. 두 젊은 20대 여 신도들이 기도원에 가서 며칠을 기도하고 돌아오는 길에 강을 만났는데 그 두 분이 기도원에 너무 은혜가 충만했던지, 아 글쎄, bridge를 통해 강을 건너질 않고 베드로처럼 물 위를 건너겠다고 하다가 그만 익사했다는 기사였다. 1 단계의 신앙인은 마치 여섯 살 된 아이가 슈퍼맨 영화를 본 다음에 슈퍼맨 복장을 하고서 망토를 걸치고 지붕 위에 올라가서 슈퍼맨하고 외치면서 하늘을 날려다가 그만 지붕 밑으로 곤두박질해서 발목이 부러지는 것과 같은 수준의 신앙이다. 1단계의 신앙을 가지고 신앙생활을 하는 사람들은 분명 그 믿음과 삶에 크나큰 괴리가 있을 것이다. 육신의 나이와 함께 그 영적 나이도 성장해야 함에도 불구하고 그 신앙이 성장하지 못해서 즉, 1단계에 머물러 있어서 몸은 어른인데도 어린아이처럼 유치하게 생각하고 행동하는 사람들을 우리는 종종 목격한다.

두 번째 단계에 들어온 신앙인들은 물 위를 걸으신 예수의 이야기에 대해서 의심하고 질문하기 시작한다. 예수가 정말로 문자적으로 물 위를 걸었단 말인가? 이런 단순한 질문부터 제기한다. 그 말은 예수에게는 중력(gravity)이라는 자연 법이 적용되질 않았단 말인가? 육과 피로 만들어진 인간이면 누구나 다 물에 들어가면 빠지게 되어 있는 것 아닌가? 창세 이래로 이 법은 예외인 적이 없을 텐데. 왜냐면 그것은 하나님께서 만들어 놓은 법이기 때문이다. 〈타이타닉〉에서도 예외는 없었다. 그러면 기독교의 신은 자기 아들에게만 큰 권능을 선사한 편애하고 편협한 신이란 말인가?

어떻게 하면 나의 어릴 적 문자적 신앙과 나의 지적, 합리적, 이성적 사고를 화해시킬 수 있을까? 이 문제만 해결하면 내가 계속 교회를 다니겠는데! 이곳 캐나다 사회에서 백인들과 더불어 목회를 하면서 필자가 느낀 것 중의 하나는 이곳 젊은이들은 자기 또래 중에 교회에 다닌다는 친구를 마치 "너 미치광이야?"라는 식으로 여긴다는 것이다. 그러니 〈Just for Laughs Gags〉에 나오는 물 위를 걸으신 예수의 성서 이야기가 연못에서 축구공을 구해 주는 그런 개그 소재 밖에는 다른 큰 의미가 없어진 것이다. 해학적 그리고 조소적으로 그 동영상이 주는 메시지는 "당신들, 예수가 문자적으로 물 위를 걸었다는 것 믿어? 당연히 안 믿지! 유리로 만든 널빤지 같은 것으로 물 위를 걸은 것처럼 특수 장치를 하면 모를까! 안 믿어! 그러면 교회 그만 다녀! 왜 헛짓하고 있어?"와 같은 암묵적인 도전인 것이다. 이런 세속적인 도전 앞에 교회는 답을 주지 못하고 있다. 그런데 여기 한 가지 합리적으로 해결할 방법이 있다. 신약성서는 그리어로 쓰여 있다. '물 위를'이라는 이 문구는 그리어로 'epi tes Thalasses'다. 그리어 epi는 전치사로 우리말에 '…위에' 또는 '…가로' 이렇게 두 가지로 다 쓰인다. 영어로 옮기면 전치사 on 그리고 by로 해석, 번역될 수 있다. 실제로 epi tes thalasses가 《요한복음》 6장 19에는 '물 위로(on the water)'로 번역이 되었고 《요한복음》 21장 1절에서는 '물가로(by the sea)'로 번역되어 있다. "그럼 그렇지, 누구나 물가는 걸을 수 있지!"라고 맞장구를 치실 분도 있을 것이다. 그러나 만약 우리가 여기에서 문제가 해결되었다고 간주한다면 물가는 맞는 번역이요, 물 위는 틀린 번역이라고 인정하는 꼴이 된다. 성서무오설, 축자영감설에 정면으로 위반되는 행위이다. 즉, 이런 비평적 해석으로는 참 만족을 줄 수 없다는 것이다.

이제 다음 단계로 들어가 보자. 오늘의 복음, 보물 상자를 여는 열쇠(Key)는 전치사 epi에 있지 않다. 오히려 물 혹은 바다로 번역되는 Thalasses를 어떻게 이해하는가에 그 해결이 있다. 성서에서 또는 고대 근동 문학에서 바다는 우리가 사는 세상을 상징한다. 우리가 이 세상에 태어났다는 것은 물속에 풍덩 빠졌다는 의미라고 해석할 수 있다. 바다/물로 상징되는 이 세상에 태어났으니 이쪽 편에서 저쪽 편 끝으로 건너가야만 하는 것이 인생살이다. 바다라는 세상에 빠져 있다고 상상해 보라. 살기 위해서는 팔과 다리를 계속해서 움직여야만 물 위에 떠 있을 수 있다. 그렇지 않으면 바다라는 세상이 가만두질 않는다. 당장 낙오자(loser)라는 소릴 듣는다. 사지를 움직여야 먹고 마시고 입고 겨우 잠을 자는 것이 바다라는 세상사다. 혹자는 이렇게 반박할 수도 있을 것이다. "금수저를 물고 태어난 부잣집에서 태어난 자녀들은 사지를 움직이질 않아도 잘 사는 것이 세상사가 아닌가?"라고 물을 것이다. 그런데 깊이 들여다보면 그 사람들에게도 다 문제가 있다. 남 보기에는 그럴 듯해 보여도 속은 곪아 터진 문제들을 적어도 하나씩은 안고 살고 있다는 것이다. 그러니 너무 부러워하지 말자.

고대인들은 메시아를 물에서부터 나오는 자로 믿고 또 그렇게 묘사하고 있다. 《마태복음》 14장에서 보면 예수도 물에서 갑자기 출현해서 물 위로 등장한다. 예수, 신의 아들, the child divine, 신의 원칙은 우리 몸 안에 내재해 있다. 다시 말하면 우리의 몸 또한 바다라는 것이다. 그래서인가 몸의 70%는 물로 이뤄지지 않았는가? 문제는 이 예수라는 신의 아들이 우리 몸속에 하나님의 영으로, 신의 에너지, 원칙으로 내재해 있는데 불행히도 잠들어 있다는 것이다. 이를 자각하고 예수를 깨우는 것이 모든 신앙인의 첫 번째 과제라고 할 수 있다. 우리 몸에 잠들어 계시는 예수라는 신의 아들을 깨우면 우리도 세상사에서 물속이 아니라 물 위를 걷는 것과 같이 자유롭게 살 수 있다는 것이 물 위를 걸으신 예수 이야기의 본질적인 메시지이다. 복음서의 예수를 보라. 얼마나 자유롭고 당당한 삶을 살다 가셨는지! 심지어 죽음 앞에서도 물 위를 걷는 것과 같은 당당함을 우리에게 보여 주셨다. 우리 옛 조상 중 선비들의 모습을 보라. 죽음 앞에서도, 사약을 앞에 두고도, 시 한 수 읊는 그런 당당한 모습, 그것이 물 위를 걷는 자세다. 예수를 믿는다는 것은 그러한 삶의 자세를 회복하는 것이다. 물에서 수영하는 것과 물 위를 걷는 것은 차원이 다른 이야기이다. 아무리 박태환 선수가 수영을 잘해도 물 위를 걷는 사람보다는 빠르거나 자유롭지는 못할 것이다. 지금 자신의 삶을 한 번 되돌아보아라. 물속에서 바둥거리며 사지를 움직이며 사는 삶인지, 아니면 그 힘마저도 없어서 더 깊은 심해로 빠져들어 가고 있는 중인지, 아니면 예수처럼 베드로처럼 물 위/이 세상을 당당하게 걸어가고 있는 중인지….

오직 《마태복음》에서만 베드로가 물 위를 걷는 모습이 삽입되어 있다. 참 좋은 소식이다. 베드로도 할 수 있다면 우리도 할 수 있다는 것 아닌가? 그런데 베드로 이야기의 핵심은 그가 큰 파도를 보자마자 물속에 다시 풍덩 빠졌다는 비유(metaphor)에 주목할 필요가 있다. 우리도 베드로처럼 한때 세상을 당당하게 물 위를 걷는 것처럼 살다가 큰 풍랑을 만나 저 깊은 심해에 빠져 본 적이 있다.

사랑하는 사람의 갑작스러운 주검 앞에서, 사업을 하다가 부도를 맞았을 때, 혹은 가까운 부부 관계가 깨어져 버릴 때…. 이런 일이 벌어졌을 때 세 가지 선택이 우리 앞에 놓여 있다. 첫째는, 물속에 머물면서 방황과 배회를 하는 상태를 방치해 놓는 것, 둘째는, 물속에서 있으면서도 구조선을 간절히 기다는 것 셋째는, 물속에서 자기 자신을 Fish(물고기)로 변화시키는 것 등이 있다.

고대 근동 문화에서 탄생한 성서에서 물고기는 예수 그리스도 즉 자유의 상징이다. 《구약》의 요나도 물속에 풍덩 빠지자마자 아마 fish로 변했을 것입니다. 그래야만 고래 뱃속에서 3일간 지낼 수 있을 테니까요(상징적, 은유적 표현이다). 베드로는 구조선인 예수의 도움으로 물에서 구조되어 안전하게 배로 돌아왔다. 베드로는 두 번째를 선택한 것이다. 오늘 메시지에서 중요한 포인트는 누구나 다시 물속에 빠질 수 있다는 것입니다. 그럴 때, 당신을 구해 줄 당신의 예수가 누구고, 또 그 예수가 어디에 있느냐는 것입니다.

오래전에 필자는 영화 한 편을 본 적이 있다. Will Smith 주연의 〈The Pursuit of Happyness〉라는 영화였다. 이 영화 제목이 주는 의미가 있다. 제목에 Happiness라 쓰인 게 아니라 Happyness로 쓰여 있다. 그리고 중간에 있는 알파벳 철자 y를 진하게 그려놓고 있다. 그 말은 이 영화의 주인공의 인생 Background가 그렇게 화려하지 않다는 의미가 내포되어 있다. 별로 배우지 못한 사람이라는 것이다. 이 영화는 바다라는 인생사에서 happiness spelling도 제대로 쓰질 못하는 한 흑인 젊은이가 여러 역경을 헤치고 미국의 큰 보험회사의 CEO가 된 이야기를 그린 내용이다. 이 영화의 명장면 중의 하나는 하룻밤 쉘터

(Shelter)를 찾기 위해서 길을 가던 중에 주인공의 아들이 아빠에게 한 이야기이다(엄마는 없다). "아빠, 한 동네에 홍수가 났대요. 그 마을의 한 아저씨가 자신을 이 곤경에서 구해 달라고 하나님께 기도를 했지요. 갑자기 한 이웃이 카누를 가지고 나타나서 도와주겠노라고 하자 이 아저씨가 아니라고 하나님이 나를 구해 줄 것이라고 하면서 그의 도움을 물리쳤대요. 조금 후 이번에는 보트를 타고 나타난 이웃이 도와주겠노라 하자 같은 이유로 그의 도움을 거절한 거예요. 그래서 그는 결국 죽었지요. 그리고 하늘나라에 가서 하나님께 따졌답니다. 내가 당신께 도와달라고 기도했는데 왜 나를 도와주지 않았습니까? 하나님께서 대답하시길, 내가 너를 구하려고 두 명의 이웃을 보내질 않았니?"

5장.
기름 부음 받으신 예수와 기름 부음을 준 여인 그들의 관계는?

《누가복음》 7:36-46

(7:36) 한 바리새인이 예수께 자기와 함께 잡수시기를 청하니 이에 바리새인의 집에 들어가 앉으셨을 때에 (7:37) 그 동네에 죄를 지은 한 여자가 있어 예수께서 바리새인의 집에 앉아 계심을 알고 향유 담은 옥합을 가지고 와서 (7:38) 예수의 뒤로 그 발 곁에 서서 울며 눈물로 그 발을 적시고 자기 머리털로 닦고 그 발에 입맞추고 향유를 부으니 (7:39) 예수를 청한 바리새인이 그것을 보고 마음에 이르되 이 사람이 만일 선지자라면 자기를 만지는 이 여자가 누구며 어떠한 자 곧 죄인인 줄을 알았으리라 하거늘 (7:40) 예수께서 대답하여 이르시되 시몬아 내가 네게 이를 말이 있다 하시니 그가 이르되 선생님 말씀하소서 (7:41) 이르시되 빚 주는 사람에게 빚진 자가 둘이 있어 하나는 오백 데나리온을 졌고 하나는 오십 데나리온을 졌는데 (7:42) 갚을 것이 없으므로 둘 다 탕감하여 주었으니 둘 중에 누가 그를 더 사랑하겠느냐 (7:43) 시몬이 대답하여 이르되 내 생각에는 많이 탕감함을 받은 자니이다 이르시되 네 판단이 옳다 하시고 (7:44) 그 여자를 돌아보시며 시몬에게 이르시되 이 여자를 보느냐 내가 네 집에 들어올 때 너는

내게 발 씻을 물도 주지 아니하였으되 이 여자는 눈물로 내 발을 적시고 그 머리털로 닦았으며 (7:45) 너는 내게 입맞추지 아니하였으되 그는 내가 들어올 때로부터 내 발에 입맞추기를 그치지 아니하였으며 (7:46) 너는 내 머리에 감람유도 붓지 아니하였으되 그는 향유를 내 발에 부었느니라

필자는 이 글에서 예수의 인성에 대해서 말하고자 한다. 이 분야는 교권에 의해서 지난 1,700여 년 동안 억압받아 온 분야라고 할 수 있다. 예수가 그리스도다, 하나님의 아들이다, 구원자라는 것을 21세기에 재주장(reclaim) 하기 위해서는 그의 오른편 사이드라 할 수 있는 신성이 아닌 왼편, 즉 그분의 인성 그리고 그의 인간관계 특히 막달라 마리아라는 여인과의 관계를 반드시 재조명할 필요가 있다.

오늘은 《누가복음서》에 나오는 한 여인에 의해 기름 부음을 받은 예수 이야기를, 네 복음서가 쓰일 당시의 지중해 연안의 신화적, 시대적, 그리고 문화적 배경을 기초로 해서 재해석하려고 한다.

우리는 한 여인에 의한 기름 부음 받은 예수에 대한 어떠한 문화적 배경이나 역사적 지식을 가지고 있지 않다. 왜냐면 기독교가 4세기 로마제국의 국가종교가 된 이래로 소위 말하는 이교도 문화(pagan culture)와 철저히 단절되어 왔기 때문이다. 1세기 고대 그레코로만 월드에 살았던 사람들은 예수가 한 여인에게서 기름 부음을 받았다는 기사를 읽거나 들었을 때 우리와는 사뭇 다른 해석을 했을 것이다. 먼저 네 복음서를 비교해 보자.

예수의 기름 부음 받은 기사에 대해 《마가복음》와 《누가복음》에서는 일곱 악령에 사로잡혔던 막달라 마리아가 예수에 의해서 치료를 받은 이후에 행해진 것처럼 그려지고 있다. 그리고 그녀에 대해서는 길거리의 여인이라는 오명이 2,000년 기독교 역사에 자리 잡고 있다. 그런데 복음서에 나오는 기름 부음 장면은 고대 로마제국 내에 여신 숭배 예식에서 temple prostitute가 행하는 예식과 흡사하다. 여기서 영어로 'prostitute'로 이해되는, 우리말로 '길거리에 서 있는 여인'으로 이해되는 이 용어는 당시 문화를 이해하지 못하는 우리에게 오해의 소지를 불러일으키기에 충분하다. 이 용어는 여신을 모시는 신전에서 일하는 여사제 정도로 이해하는 것이 타당하다. 그리고 그 여 사제들은 고대 일상사에서 아주 중요한 역할을 담당했다.

신전에서 특히 여신을 모시는 여 사제는 그 배경이 신석기 중엽인 B.C. 7,000–B.C. 3,500까지 거슬러 올라가며 이때는 신의 여성성이 강조되고 존중을 받던 시기였다. 고대에는 성적 능력(sexuality)을 사랑의 여신에게서 부여받은 특별한 선물로 여겨졌다. 사실, 세상에 그것처럼 존귀한 행위가 또 어디 있겠는가! 그것 없이는 우리 자체가 존재할 수가 없지 않은가! 그러하기에 신전에서 예배를 집례하던 여 사제들 또한 거룩한 존재로 존경을 받았다.

오늘 《누가복음서》 본문에서 예수를 기름 부음(anointing) 한 이 여인은 다름 아닌 당시 유대교 입장에서는 그 동네에 이교도 사원에서 일하던 여 사제일 가능성이 높다. 《누가복음》 7장 39절에 집 주인인 바리새인이 혼잣말로 만약 예수가 선지자라면 자신을 만지는 이 여인이 누구인지 아셔야만 한다고 중얼거린다. 왜냐면 그녀는 죄인이기 때문이다. 여기서 죄인이란 단순히 이교도 여인을 의미할 수도 있다. 즉, 죄인이라는 개념이 오늘 우리가 생각하는 것과는 사뭇 다르다는 것이다. 당시 유대인의 입장에서는 자신들은 신에게서 선택받은 선민이요, 그 나머지는 다 죄인으로 간주되었기 때문이다. 즉, 죄인이냐 아니냐의 기준은 종교적, 인종적인 이슈이지 우리가 생각하는 윤리적 혹은 범죄적 기준이 아니라는 것이다. 눈으로 보자마자 죄인인지 아닌지를 구별했다는 것은 그녀가 이교도, 즉 다른 문화 인종의 사람이기 때문이었을 것이라고 추론할 수 있다. 이 바리새인의 여인에 대한 정죄를 기준으로 이교도 문화를 철저히 억압했던 제국의 기독교는 단순히 그녀를 한 명의 윤리적으로 죄 많은 유대인 여인으로 간주했고 또 그녀를 다른 복음서에서 일곱 귀신들렸다가 예수에 의해 치료받은 막달라 마리아와 동일시해 왔다. 그래서 오늘날 대부분의 기독교인들은 막달라 마리아 하면 죄인이요, 창녀요, 일곱 귀신 들린 여인으로 여긴다. 그러나 이것은 꽤 잘못된 해석이요, 오판이요, 오해다.

유대 청년인 예수께서는 공개적인 장소에서 이교도 사원 여 사제가 자신에게 행하고자 하는 기름 부음 행위를 허하신다. 그리고 이는 자신의 장례식을 위한 것이라고 해석한다. 장례식을 위한 기름 부음 예식은 고대 근동 지중해 연안 지역에서 풍요의 신과 밤이면 죽고 아침이면 부활하는 태양신 예식의 아주 중요한 부분 중 하나다. 고대 근동지역의 신화를 보면, 태양과 풍요의 신인 이집트의 오시리스, 수메르의 두무지, 그리고 그리스의 아도니스는 주기적으로 매년 죽음을 당하고 다시 부활하는 신들로 묘사되고 있다. 그럴 때마다, 그 각각의 신들의 파트너(예를 들면, 이집트의 아이시스, 수메르의 이난나, 그리고 그리스의 아프로디테) 여신들이 자기의 사랑하는 신의 시체 옆에서 한없이 슬퍼하며 우는 장면이 나온다.

《요한복음서》에서 부활절 첫날 막달라 마리아가 죽은 예수의 몸에 마지막 향유를 바르기 위해서 이른 아침 무덤에 도착했을 때 죽은 예수의 몸이 사라지고 빈 무덤을 발견하고서 슬피 우는 장면이 나온다. 이는 위에서 언급한 고대 신화들의 여신의 역할과 매우 유사한 점이 있다는 것을 우리는 주목할 필요가 있다. 또한, 《구약》의 《아가서》 3장의 표현과도 유사하다.

《구약》의 《아가서》 3장

(3:1) 내가 밤에 침상에서 마음으로 사랑하는 자를 찾았노라 찾아도 찾아내지 못하였노라 (3:2) 이에 내가 일어나서 성 안을 돌아다니며 마음에 사랑하는 자 (my heart lover/soul loves)를 거리에서나 큰 길에서나 찾으리라 하고 찾으나 만나지 못하였노라 (3:3) 성 안을 순찰하는 자들을 만나서 묻기를 내 마음으로 사랑하는 자를 너희가 보았느냐 하고 (3:4) 그들

을 지나치자마자 마음에 사랑하는 자를 만나서 그를 붙잡고 내 어머니 집으로, 나를 잉태한 이의 방으로 가기까지 놓지 아니하였노라

Song of Solomon 3:
1 Upon my bed at night I sought him whom my soul loves;
I sought him, but found him not;
I called him, but he gave no answer.
2 "I will rise now and go about the city, in the streets and in the squares;
I will seek him whom my soul loves." I sought him, but found him not.
3 The sentinels(파수꾼) found me, as they went about in the city.
"Have you seen him whom my soul loves?"
4 Scarcely had I passed them, when I found him whom my soul loves.
I held him, and would not let him go until I brought him into my mother's house,
and into the chamber of her that conceived me.

고대 근동에서 새로운 왕에게 기름 부음을 주는 특권은 왕족의 공주이자 신부가 전담했다. 그리고 수천 년 동안 이 예식은 실제적인 혼인예

식의 한 부분으로 행해져 왔다. 예를 들면, 이집트에서 파라오(왕)가 되기 위해서는 점지된 왕 후보생은 반드시 왕가의 딸과 결혼해야만 했다.

이 왕족의 딸, 사라(문자적으로 공주라는 뜻)는 남편인 왕으로부터 my sister-bride로 불리곤 했다. 예수 탄생 1세대 전에 에돔 족속인 헤롯이 자기 왕권 확립을 위해 정략적으로 유대 역사에서 마지막 왕가인 마카비 왕족의 하스모니안 집안의 딸인 마리아와 결혼했다. 이는 역사적 사실이다. 물론 로마 식민치하에서 로마의 명에 의해서 합법적으로 유대 땅을 다스리는 왕이 되었지만, 유대인들의 정서적 지지를 이끌어내기 위해서 정략적으로 유대 왕족의 집안과 결혼을 한 것이다.

우리에게 너무나도 익숙한 다윗왕도 예외가 아니었다. 일반적으로 다윗왕에 의해서 쓰였다는《시편》23편을 예를 들어 보자. 5절에 보면 다윗은 이렇게 표현하고 있다. "당신이 내 원수의 목전에서 상(잔칫상)을 베푸시고 내 머리에 기름을 부으셨으니 내 잔이 넘치나이다"라고 되어 있다. 이 장면은 다윗왕의 대관식과 사울왕의 둘째 딸인 미갈과의 결혼식을 하나로 묘사하고 있다. 여기서 내 원수란 누구인가? 다윗을 죽이려고 음모를 꾸며 사지로 보냈던 사울왕과 그 참모들 아닌가? 원수란 항상 그렇게 가까이 있다. 믿었던 사람에게 발등 찍히는 것이 인생이다. 그런 자들이 보는 앞에서 잔치(왕위 즉위식)를 벌이고 있는 것이다. 유대 전통도 이집트에서 나왔기에 왕이 되기 위해서는 왕의 딸, 즉 사울왕의 딸인 미갈과 결혼을 해야만 법통을 유지할 수 있었던 것이다. 다름 아닌 자신의 원수의 딸과 결혼을 하는 장면이 동시에 묘사된 것이 《시편》 23편 5절이다. 물론 기름 부음을 주는 주체는 상징적으로 하나님이시지만, 하나님을 대신해서 그의 머리에 기름 부음을 주는 실제적인 당사자는 바로 공주 사라인 미갈이 그 역할을 대신한 것이다. 공주와의 혼인을 통해서 평민인 다윗이 그리스도, 메시아, 기름 부음 받은 자라는 왕의 신분을 얻게 된 것이다.

한편, 혼례 예식 중에 머리에 기름을 부었다는 의미는(표현하기 거북하지만) 상당히 erotic한 의미가 담겨 있다. 왜냐면 여기서 머리는 신랑의 성기의 귀두 부분을 상징하기 때문이다. 그 성기를 신부가 기름으로 발라줌으로써 실질적인 성행위 때 부드럽게 해 주는 역할을 한 것이다. 풍요의 신과 죽음과 부활을 상징하는 태양신을 대표하는 상징으로 선택받은 왕과 만백성을 대신하는 신전/왕족의 공주와의 결합은 고대 근동 어디에서나 매년 새해 혹은 농번기 시작과 더불어서 행해졌던 중요한 절기 행사였다. 우리나라의 단오제와 비슷한 것이라고 여겨진다. 풍요를 이루기 위해서는 봄에 씨를 뿌리고 비가 와야 한다. 하늘의 상징인 왕/씨가 땅에 들어가 죽어야만 한다. 그래야 봄에 새싹이 돋는 부활을 경험할 수 있는 것이다. 기독교가 말하는 예수의 죽음과 부활의 원형은 여기서부터 유래한 것이다.

고대 근동의 문화와 절기에 익숙한 《누가복음서》를 읽고 듣는 사람들이라면 한 템플사원의 여 사제에게서 기름 부음 받은 예수를 인간에게 풍요를 주는 하늘의 아들/신의 씨앗으로 간주했고, 그러하기에 땅에 떨어져 죽어야만 할 운명의 신이었던 것이다. 그러나 그 예식을 통해서 부활하는 신의 모습을 보았을 것이고 그 역할을 담담하게 받아들이는 모습 또한 의미 있게 여겼을 것이다. 그러하기에 복음서 저자들이 예수를 신랑으로 또 예수가 자신을 신랑으로 그리고 있는 것은 어쩌면 당연한 표현이다. (《마태복음》 9:14-15, 그리고 《요한복음》 3:29)

신랑이신 신의 아들 예수는 땅인 인간의 세계와 대리인인 여 사제와의 기름 부음 예식을 통해서 자신의 죽음을 예비하고 온 세상의 풍요를 기원했던 것이다.

끝맺는 말:

일곱 귀신들린 막달라 마리아를 예수께서 그 귀신들을 쫓아내고 그녀를 치료해 주었다. 필자의 견해로는 이 여인은 고대 근동지역이나 지금도 세계 도처에서 구조적인 사회적 인습으로 인해 희생당하고 있는 여인들을 대변한다고 본다. 고대 근동 지역뿐만 아니라 21세기인 현대에도 아프가니스탄의 탈레반 정권과 문화 속에서 억압당하고 있는 여인들의 상황에 대해서 그들을 남성 중심의 사회가 여성들에게 오랜 인습으로 인해서 굴레를 씌운 구조적인 악을 일곱 귀신들린 여인으로 보았으면 한다.

우리 한국 문화도 여성에 대해서 일곱 귀신을 지난 수백 년 동안 덧씌운 문화였다. 우리말에 칠거지악이라는 것이 있지 않은가! 이것이야말로 한국 여성들을 억압한 한국 사회의 구조적인 범죄요, 막달라 마리아에게 덧씌워진 일곱 귀신의 다른 모양이 아닐까! 칠거지악 중 두 가지만 예를 들어보자. 하나는 여자가 음식을 못 하면 남편이 언제든지 이혼할 수 있고, 또 하나는 남자아이를 못 낳아도 이혼이 언제든지 가능하다는 것이다. 예수께서 막달라 마리아의 일곱 귀신을 축출했다는 이야기는 예수께서 그녀를 아내로 맞아들이고 남자들에 의해서 만들어지고 저질러져 왔던 제도적인 범죄, 한국식으로 말하면 칠거지악을 벗겨내신 것이 아닐까! "당신은 더 이상 일곱 귀신의 굴레에서 살 필요가 없습니다. 우리는 이제 동등한 파트너입니다. 당신은 내 자매요, 내 신부입니다." 아마도 예수는 첫날밤에 막달라 마리아에게 이런 속삭임을 하지 않았을까! 아마 그러하기에 예수의 제자 중 여성들이 더 많았고 예수를 십자가까지 뒤따라간 인물들도 여성들이지 않았을까. 그래서 오늘날도 남성들보다는 여성들이 예수를 더 많이 따르는 것이지 아니겠는가!

6장.
피노키오(Pinocchio) 이야기에 대한 알레고리컬한 해석

《고린도전서》 13:11–12

내가 어렸을 때에는 말하는 것이 어린아이와 같고 깨닫는 것이 어린아이와 같고 생각하는 것이 어린아이와 같다가 장성한 사람이 되어서는 어린아이의 일을 버렸노라(13:12) 우리가 이제는 거울로 보는 것 같이 희미하나 그 때에는 얼굴과 얼굴을 대하여 볼 것이요 이제는 내가 부분적으로 아나 그 때에는 주께서 나를 아신 것 같이 내가 온전히 알리라

피노키오 이야기를 한마디로 요약하면 인간의 몸을 입고 사는 우리의 영적 여정을 그리고 있는 작품이라 할 수 있다. 그래서인지 이 이야기에는 상징들로 가득 차 있다. 피노키오 하면 떠오르는 것이 필자가 어렸을 때 월트 디즈니에 의해서 만화로 각색하여 만든 영화다.

이야기는 다음과 같이 시작된다. 크리스마스 이야기처럼 어느 캄캄한 밤에 별 하나가 반짝거린다. 말하는 귀뚜라미가 이탈리아 한 작은 마을에 나무로 조각을 하면서 생계를 꾸리는 제페토라는 이름을 가진 사람의 집에 찾아와 피노키오라는 흥미로운 조각품을 하나를 발견한다(피노키오는 소나무 열매(pine nut)라는 뜻이다). 이 작품에서 첫 번째 알레고리컬한 표현은 제페토와 피노키오의 관계다. 즉, 창조주와 피조물의 관계를 그리고 있다. 나무조각가(woodcarver)인 제페토가 피노키오의 눈의 눈동자와 입술을 그리고 나서 한 말이 흥미롭다. "Very Good, very very Good." 마치 《창세기》의 창조신화에서 하나님께서 아담(사람)을 만드시고 하신 감탄사와 같다.

그날 밤, 제페토는 피노키오가 진짜 살아 있는 소년이 되기를 기원하면서 잠이 든다. 그리고 하늘에서 내려온 요정이 그날 밤 제페토의 집을 방문하여 피노키오에게 생명이라는 선물을 선사한다. 피노키오는 그 덕분에 움직이고, 말하고, 걷을 수 있게 되었다. 그러나 피노키오는 아직 진짜 사람은 아니다. 진짜 사람이 되기 위한 한 가지 조건이 붙는다.

"만약에 네가 용감하고, 진실하고, 사심 없이 자라는 것을 증명하면 그때 비로소 너는 진짜 소년이 되는 거야!" 피노키오에게 생명을 주던 요정은 이렇게 속삭였었다. 동시에 요정은 이 광경을 지켜보고 있던 말하는 귀뚜라미를 피노키오의 양심으로 임명하면서 피노키오가 진짜 소년이 되도록 잘 인도하라고 부탁한다.

질문: 여러분의 양심은 어디에 있는가? 심장 속에 있는가? 의식 속에 있는가? 아니면 브레인 속에 있는가?

흥미로운 점은 피노키오의 양심이 피노키오라는 몸 밖에 위치해 있다는 것이다. 그리고 그가 가는 곳이면 항상 따라다닌다. 아마도 어린아이들에게 양심의 존재를 인식시키려는 방편으로 그렇게 그린 것 같다.

피노키오처럼 우리도 피조물로서 이곳에 서 있다. 우리는 하나님의 형상으로 창조된 피조물이다. 그리고 하나님의 자녀라고 생각하고, 말도 하고 걷고 뛰며 지낸다. 이런 질문을 스스로에게 던져 보라. 내가 진짜로 하나님의 자녀인가? 대답은 '아직 아니다(not yet)'일 것이다. 우리는 신의 이미지를 가지고 태어났지만, 아직 신 혹은 신의 자녀라고는 말할 수 없다는 것이다. 그러면 어떻게 진짜 신의 자녀가 될 수 있을까? 그것을 배우기 위해서 피노키오는 그다음 날부터 학교에 다니기 시작한다. 우리도 진짜 신의 자녀가 되기 위해서 인생이라는 학교에 보내진 것이다. 그런데 주목할 점은 피노키오가 학교에 가기 위해서 집을 나서는데 손에 사과를 집어 들고 있다. 《창세기》의 아담도 이야기 시작부터 금

단의 열매라는 유혹을 받은 것처럼 피노키오가 사과를 들고 학교를 향해 가고 있다는 것도 어떤 유혹이 도사리고 있음을 직감할 수 있다(피노키오를 이런 시각으로 자세히 들여다보면 이 작품은 결코 어린이를 위한 만화 영화가 아니라는 것을 알 수 있다).

아니나 다를까 학교 가는 길에서 피노키오는 여우와 고양이로부터 학교 가는 것보다도 더 좋은 것이 있다는 유혹을 받는다. 그것은 다름 아닌 명성(fame), 즉 서커스 무대에 서서 빨리 유명해지는 것이었다. 유혹하는 사람(tempters)은 피노키오에게 이렇게 속삭인다. "그 무대에 서면 사람들이 너를 무척 좋아할 거야. 그리고 돈도 많이 벌 거야." 광야에서 40일을 보낸 하나님의 아들에게 사탄이 무어라고 유혹하는가? 네가 하나님의 아들이거든, 성전 첨탑에서 뛰어내려 봐! (마태 4:5) 사람들의 이목을 받을 것이고 하루아침에 명성을 얻게 될 것 아닌가!

피노키오의 양심은 피노키오에게 학교에 갈 것을 권유하지만 그는 듣지 않는다. 유혹이라는 것이 양심보다 더 강하고 힘이 세다는 것이다. 여우나 고양이가 귀뚜라미보다 덩치가 더 크고 힘이 더 센 것처럼! 우리의 양심도 귀뚜라미처럼 작고 보잘것없어 보일 때가 많다.

첫 무대 공연 후 피노키오는 그만 서커스 단장에 의해서 철창에 갇히는 신세가 된다. Stromboli locks Pinocchio in a cage, warning him that failure to put on a good show will have him thrown into the fire(스트롬볼리는 피노키오에게 만약 멋있는 연기를 하지 못하면 불 속에 집어 던져 버리겠다는 경고와 더불어 철창에 가둔다). 중세의 교회가 만들어 놓은 교리를 잘 지키지 않으면, 자기들이 시킨 대로 선한 일을 하지 않으면 유황불의 형벌을 받는다고 겁주는 것과 같아 보인다. 인간의 양심이 의인화된 귀뚜라미가 어떻게 도울 방법을 찾지만, 피노키오를 철장에서 꺼낼 수가 없다. 다행히 하늘의 요정이 나타나 피노키오로부터 전후 사정을 듣는다. 그러는 와중에 피노키오가 하늘의 요정 앞에서 거짓말을 하자 그의 코가 길어지기 시작한다. 그의 진실하지 못함이 피노키오의 코를 길게 자라게 하는 것이었다. 그것은 참 좋은 발상이라는 생각이 든다. 하나님께서는 사람들은 왜 이런 식을 만들지 않으셨지? 국회 청문회에 나와서 증언하는 사람들의 코가 길어지면 거짓 증언인지 아닌지 누구나 알 것 아닌가! 그러면 재판도, 변호사도, 판사도, 법원도, 아니 세상의 모든 거짓이 사라질 텐데! 참과 거짓을 이렇게 솔직하게 적나라하게 나타내는 방법 중에 이것 말고 더 좋은 방법은 없는 듯하다. 피노키오는 즉시 진실하게 말하고 행동할 것임을 요정 앞에서 다짐한다. 그리고 그 대가로 철장에서 빠져나와 그의 삶에서 두 번째 기회가 주어진다.

세상이 참 쉽지 않다는 것을 깨달은 피노키오는 집을 향하여 돌아간다. 탕자의 비유에서 모든 것을 탕진하고 아버지 집을 향해 가는 것처럼! 그런데 그만 가는 길에서 피노키오는 또 다른 유혹을 마주하게 된다. 여우와 고양이가 다시 나타나 피노키오에게 'Pleasure Island'에 같이 가자고 제안한다. 그곳은 학교도 없고, 경찰도 없고, 일할 필요도 없고, 언제나 재미와 자유가 가득한 곳이라고 유혹하는 것이다. 그래서 피노키오는 많은 같은 또래의 아이들과 그 섬에 가기 위해서 배를 탄다. 그곳은 처음에는 흥미 만점의 아주 재미있고 자유로운 놀이동산이었다. 그런데 시간이 흐를수록 재미와 자유의 놀이동산이 혼돈과 파괴의 시궁창으로 바뀌고 아이들이 차례로 당나귀로 변신하였다. 그리고 변신한 당나귀들은 하나둘씩 노예로 어딘가로 팔려가게 되었다.

왜 아이들이 당나귀로 변할까? 왜 하필 당나귀로 바뀌는 것일까? 이는 당나귀가 가지고 있는 상징은 때문이다. 고대 근동 사회에서 당나귀는 인간 안에 내재해 있는 lust, selfishness, wickedness, and cruelty, 즉 정욕, 이기심, 사악함, 그리고 잔인함을 상징하는 동물이기 때문이다. 예수께서 종려주일에 예루살렘에 입성할 때 타신 동물이 무엇인가? 바로 당나귀다. 정욕, 이기심, 사악함, 잔인함을 이기고 올라타야 하나님의 아들로서 승전가를 부르고 예루살렘에 입성할 수 있는 것이다. 역사적이라기보다는 상징적이요, 알레고리컬한 해석이 요청되는 이야기다.

다른 아이들처럼 피노키오 또한 당나귀로 바뀐다. 귀가 길어지고 꼬리가 생겼다. 다행히도 피노키오는 양심이라는 귀뚜라미의 도움으로 가까스로 그 섬을 빠져나와 헤엄쳐 집에 돌아올 수 있었다. 그런데 반겨 주는 사람이 아무도 없다. 그때 하늘에서 온 비둘기로부터 메시지가 전해진다(비둘기는 노아와 홍수 이야기에 등장하는 길조를 상징하는 새요, 그리고 예수께서 세례를 받으실 때 등장하는 새이기도 하다). 하늘의 메시지는 제페토 아버지가 자식(피노키오)을 찾아 나서다가 그만 바다 괴물에게 잡혀 그 뱃속에 갇혀 있다는 내용이었다. 피노키오는 용기를 내어 아버지를 구하기 위해서 바다에 뛰어든다. 물속에 빠진 피노키오는 성서의 요나처럼 말도 하고 움직이는 데 불편함이 없다. 그리고 요나처럼 큰 고래가 와서 피노키오를 삼켜버린다. 그리고 그 고래 뱃속에서 아버지 제페토와 뜨거운 상봉을 하게 된다.

이 부분에서 독자들에게 제안 하나를 드리고 싶다. 성서의 요나 이야기를 문자적, 역사적 사실로 믿는 사람이라면 피노키오 이야기도 문자적으로 역사적 사건으로 받아들이시길 바란다. 둘 다 고래 뱃속에서 살아 있고 며칠 밤/삼일 밤낮을 지내다가 고래가 복통을 일으켜 뭍으로 나오는 이야기이기 때문이다. "어디 감히 성서의 요나 이야기와 피노키오 이야기를 비교할 수 있는가?" 하면서 필자의 제안에 거부 반응을 일으키는 사람들에게 묻는다. 그러면 피노키오 이야기가 성서에 포함되어 있다면 이것을 문자적으로 역사적 사건으로 믿으시겠는가?

《고린도전서》 13장 11절 말씀이다. "내가 어렸을 때는 말하는 것이 어린아이와 같고 깨닫는 것이 어린아이와 같고 생각하는 것이 어린아이와 같다가 장성한 사람이 되어서는 어린아이의 일을 버렸노라." 1세기 중엽에 고린도 교회를 향해 던진 사도 바울의 메시지가 21세기 우리의 양심을 깨우는 살아 있는 귀뚜라미다. 어른이 되면 어린아이의 것을 버리고 어른에 맞는 말과 생각과 행동을 해야 어른이지 어른이면서 말과 생각과 행동이 어린아이 같다면 결코 어른일 수 없다. 사도 바울은 자신의 편지글에서 영적 어린이와 어른의 차이를 말하고 있다.

필로(Philo)라는 1세기 유대 철학자가 경전을 해석하는 네 가지 다른 레벨(수준)에 대해서 자기 학생들에게 가르친 내용이다.

1) The literal-physical (문자적/물질적)

2) The moral-sentimental (도덕적/감성적)

3) The allegorical-intellectual (은유적/지적)

4) The anagogical-mystical (우의적/신비적)

이는 진리의 세계에서 어린아이에서 어른의 레벨로 성장하는 방법을 오래전에 필로는 자신의 제자들에게 가르친 것이다. 남 이야기는 하지 않겠다. 나 자신의 이야기이다. 어렸을 때, 성서를 문자적으로 역사적 사실로 믿었다. 한 점, 의심의 여지 없이…. 요나 이야기도 예외가 아니었다. 왜? 성서니까! 축자영감설, 성서무오설이 설이 아니라 믿음이요, 신앙이었기 때문이다. 그래야 잘 믿는 것이라고 생각했고 그렇지 않으면 다 이단이라고 생각했었다. 그것에 기초해서 필자가 어릴 적에 들은 설교는 거의 대부분 도덕적이거나 교리적인 가르침이었다. 다시 말하면, 예수 믿고 착하게 살면 나중에 복 받는다는 것이었다. 누구도 그다음 단계의 레벨에 대해서 가르쳐 주지 않았다. 한국에서 4년, 캐나다에서 5년의 신학교 생활에서 성서의 은유적 해석 방법에 대해서 한 강좌 들은 것이 전부였다. 역사적 예수 탐구를 위해서 많은 시간을 보냈는데 언제나 허전함, 부족함을 느꼈다. 그렇게 진리에 대한 지적 탐구하는 시간을 20여 년 가졌다. 그러다 10여 년 전에 다음 단계의 레벨로 진입하게 된 것이다. 성서를 알레고리컬하고 우의적으로 해석할 힘이 생긴 것이다. 성서를 다시 새롭게 읽는 맛이 생겼고 그 안에 무궁무진한 진리의 보물이 들어 있음을 발견했다. 성서에 숨겨진 보화란 이런 것이구나! 그때 이래로 내 코가 아니라 성서에 대한 이해가 자라기 시작했다. 지식으로서의 성서 해석이 아니라 성서를 통해 지혜가 보이고 삶의 깊이가 더해진 것이다. 당나귀 같은 내 모습도 보이고, 피노키오같이 어리석은 행동을 하는 나를 본다. 아직 내가 동물이구나…. 그런데 성서를 파면 팔수록 brave하고, truthful하고, unselfish해지는 과정 중에 있음을 발견한다.

이야기 도입 부분에 요정이 피노키오에게 한 이야기가 바로 나에게 우리 인간들에게 한 이야기이다. 그리고 그것을 할 수 있는 자는 나 자신이라는 것 또한 알게 되었다. 나한테 달린 문제다. 16, 17세기 교회가 그 권위로 사회를 통제하고 억누르고 있을 때 이탈리아 과학자 갈릴레오 갈릴레이가 "지구가 둥글고 태양 주변을 돈다"라는 진실을 용감하게 발표했다. 교회는 재판을 통해 그 진실을 철회하게 했다. 누구의 코가 피노키오처럼 자랐을까? 갈릴레오인가? 아니면 교권의 상징인 이탈리아 로마에 위치한 교황청인가? 교회가 예수께서 물 위를 걸었다는 것을 문자적으로 믿으라고 강요할 때에 영국의 과학자요, 수학자요, 신학자인 아이작 뉴턴이 사과가 나무에서 땅으로 떨어지는 것을 보고 중력, 만유인력을 발견하여 새로운 시대를 열었다. 역사에서 이러한 발견들은 마치 피노키오의 코가 진실 앞에서 짧아지는 것처럼 교회의 권위를 납작하게 만들어 왔다. 이제는 교회가 진실을 말할 때이다. 예수라는 인물을 믿고 흉내 내는 예수쟁이가 아니라 인간이면 누구에게나 보편적으로 내재해 있는 신성을 깨워 나무로 만든 어색한 인형 피노키오가 아니라 참사람으로 변해야 한다는 것이다. 다시 말하면, 하나님의 형상으로 지음 받은 내가 예수처럼 그리스도가 될 수 있다는 그러한 진실을 겸손하게 인정하고 선포해야 한다. 이는 교회가 천국 문의 열쇠를 쥐고 있다는 교리를 내려놓아야 한다는 것이다.

피노키오와 아버지 제페토가 어떻게 고래 배 바깥세상으로 나오게 되는가? 배 속에서 불을 피워 고래로 하여금 기침을 크게 하게 만들어 바깥으로 나온다. 불이란 하나님의 영, 즉 창조적이고, 지적이고, 생동감이 넘치는 지혜를 상징한다. 원작의 피노키오 그림을 보면, 월트 디즈니에서 제작한 아주 귀여운 모습의 피노키오하고는 영 딴판이다. 원본의 피노키오는 어른스럽게 생긴데다가 아주 고약하고 완고한 이미지를 하고 있다. 아마도 17세기 완고하고 고집불통인 교회 권위를 묘사하고 있는 듯하다.

《창세기》 신화는 아담(사람)이 하나님의 이미지로 만들어졌다고 선언한다. 이 말은 우리 인간이 신의 이미지는 하고 있지만, 아직 신의 경지/예수처럼 신의 아들에 아직 도달하지 않았다는 것으로 해석할 수 있다. 우리가 신의 형상으로 창조되었다는 것은 피노키오처럼 사람의 형상을 입은 나무 인형에 불과하다는 의미다. 그런데 이 나무 인형이 진짜 boy가 된다. 어떻게? 용감하고, 진실하고, 사심이 없으면(Brave, truthful, unselfish). 세상살이하면서 용감하기가 쉽지 않다. 당장 용감하게 나섰다가 손해 보기 십상이다. 요즘처럼 거대한 권력 기관이 모든 정보를 쥐고 흔드는 세상에서 거짓이 진실로 둔갑하는 세상에서 진실을 올곧게 말한다는 것 또한 쉽지 않다. 진실을 말하기는커녕, 거짓과 진실을 구별하기조차 어려운 시기다. 이기심, 자기 욕망을 충족하는 것이 행복이라고 말하는 시대에 살고 있다. 그러나 피노키오 이야기는 인간은 변할 수 있고, 변했다는 것이다. 나무 인형으로 대변되는 가짜에서 진짜 사람으로 변했다는 것이다. 물이 변하여 포도주가 된 것처럼 animal human에서 divine human으로, Christian에서 Christ가 되어야 한다는 것이다. 그런 변화를 위해 교회라는 학교에 다니는 것이고 이 세상이라는 학교에서 수업을 듣는 중이다.

7장.

《반야심경》과 바다를 잠잠케 하신 예수 이야기에 대한 재고찰

《마태복음》 8:18, 23–27; 《마가복음》 4:35–41

(마 8:18) 예수께서 무리가 자기를 에워싸는 것을 보시고 건너편으로 가기를 명하시니라 (마 8:23) 배에 오르시매 제자들이 따랐더니(마 8:24) 바다에 큰 놀이 일어나 물결이 배에 덮이게 되었으되 예수께서는 주무시는지라(마 8:25) 그 제자들이 나아와 깨우며 가로되 주여 구원하소서 우리가 죽겠나이다(마 8:26) 예수께서 이르시되 어찌하여 무서워하느냐 믿음이 적은 자들아 하시고 곧 일어나사 바람과 바다를 꾸짖으시니 아주 잔잔하게 되거늘 (마 8:27) 그 사람들이 놀랍게 여겨 이르되 이이가 어떠한 사람이기에 바람과 바다도 순종하는가 하더라

(막 4:35) 그 날 저물 때에 제자들에게 이르시되 우리가 저편으로 건너가자 하시니 (막 4:36) 그들이 무리를 떠나 예수를 배에 계신 그대로 모시고 가매 다른 배들도 함께 하더니 (막 4:37) 큰 광풍이 일어나며 물결이 배에 부딪쳐 들어와 배에 가득하게 되었더라 (막 4:38) 예수께서는 고물에서 베개를 베고 주무시더니 제자들이 깨우며 이르되 선생님이여 우리가 죽게 된 것을 돌보지 아니하시나이까 하니 (막 4:39) 예수께서 깨어 바람을 꾸짖으

시며 바다더러 이르시되 잠잠하라 고요하라 하시니 바람이 그치고 아주 잔잔하여지더라 (막 4:40) 이에 제자들에게 이르시되 어찌하여 이렇게 무서워하느냐 너희가 어찌 믿음이 없느냐 하시니 (막 4:41) 그들이 심히 두려워하여 서로 말하되 그가 누구이기에 바람과 바다도 순종하는가 하였더라

생은 명이다. 한국 사람들은 생(life)을 말할 때 반드시 '생명'이라고 한다. 영어로 하면, 'life-command'라고 표현할 수 있다. 하지만 영어에서는 이런 표현을 쓰지 않는다. 한국 사람들이 기도할 때 '생명을 주신 하나님'이라고 하지, '생을 주신 하나님'이라고 하지 않는다. 한국 사람에게 생은 명이 언제나 동반되는 것이다. 즉, 인생이라는 삶은 명령이라는 것이다. 기독교가 한반도에 들어오기 훨씬 이전부터 우리 조상들은 '생은 명이다'라는 명제를 보편적 진리로 상식으로 가지고 있었던 민족이다.

생은 신의 명령이다. 그 말은 우리의 choice를 넘어서 있다는 것이다. 선택이 아니라는 것이다. 세상 어디에 자발적으로 선택해서 이 세상에 온 사람 있단 말인가? 만약 생이 선택이라면, 뭐 하러 한국에서 태어나겠는가? 처음부터 좀 더 살기 좋은 선진국에서 태어나지. 만약 생이 선택이라면, 버킹엄 궁에서 태어나거나 빌 게이츠 자식으로 태어나면 세상살이가 훨씬 낫지 않았을까.

한 번은 딸이 소리를 지르면서 내게 불평한 적이 있다. 자기 머리에

흰 머리카락이 있다고 하면서. 어떻게 하겠는가? 그것이 우리 집안 내력인데. 나도 여덟 살 때부터 새치가 나기 시작했으니. 그러나 딸아이의 불평을 들은 나는 상당히 기뻤다. 왜냐면 그것이 DNA 조사를 하지 않아도 내 딸임을 증명하는 것이기 때문이었으니. 머리는 염색해서 흰머리를 감출 수는 있지만 하나님께서 주신 원초적 DNA는 우리가 선택하거나 바꿀 수 없다.

《마태복음》 8장의 이야기는 신의 명령으로부터 이야기가 시작된다. 신의 아들인 예수께서 무리를 향하여 명령하신다. 이 강을 건너 저편으로 가라고 명하신다. 앞선 장(물 위를 걸으신 예수)에서 언급했듯이 인생이란 고해다. 고통의 물결이 넘실대는 바다에서 태어나서 이쪽에서 저쪽 편으로 건너가야만 하는 여정인 것이다. 그래서 생명, 생은 명이다.

같은 내용이 담겨 있는 《마가복음서》를 비교해 보면, 예수께서 제자들에게 강을 건널 것을 명령했지만, 예수와 제자들을 태운 보트뿐만 아니라 다른 많은 배도 함께 여정을 하고 있음을 보여 준다. 《마가복음》 4장 35-36절: "그 날 저물 때 제자들에게 이르시되 우리가 저편으로 건너가자 하시니 그들이 무리를 떠나 예수를 배에 계신 그대로 모시고 가매 다른 배들도 함께 하더니" 인생 여정의 항해는 나 홀로 가는 것이 아니라 다른 배들도 함께하고 있다는 것이다.

불교 경전의 진수 중의 하나인 《반야심경》은 그 제목이 원래 《마하반야바라밀다심경》이다. '마하'는 크고 위대하다. '반야'는 지혜, 깨달음을 얻게 하는 부처님의 지혜, '바라'는 저 언덕, 이상세계, 천국 그리고 '밀다'는 건너다는 뜻이다. 인생이라는 고해를 건너서 저 언덕, 피안의 세계에 도달하기 위해서는 즉, 바라밀다를 위해서는 마하반야 즉, 큰 깨달음의 지혜라는 배를 타고 건너야 한다는 것이다. 이를 불교 용어로 '반야용선'이라고 한다.

예수께서도 제자들에게 배를 타고 건너라고 한다. 교회가 그래서 배로 비유되곤 한다. 교회는 그러므로 큰 깨달음의 지혜를 담고 있는 배, 반야용선이어야 한다. 기독교가 문자주의에 빠지지 않고 이처럼 문자 너머에 있는 메시지를 발견하면 진리 안에서 타 종교와의 자유로운 교류를 통해서 서로 큰 지혜를 나누고 무릇 중생을 구하는 종교의 본래 역할을 감당하리라 믿는다.

성경이나 고대 근동의 신화를 보면, 인생이라는 여정을 묘사할 때 언제나 밤에 시작한다. 《마가복음》에 보면 "그 날 저물 때에…"라고 기술되어 있다. 몸을 가지고 태어난 인생은 동트는 태양처럼 Happy Birthday 하고 시작하지만, 몸 안에 들어 있는 영의 여정은 "그 날 저물 때에", 즉 어둠이 짙어 오면서 시작된다. 칠흑같이 어두운 밤, 보트 한 척에 몸을 싣고 망망대해를 항해하는 것, 이것이 바로 우리의 영적 인생사다. 그래서 우리는 나침판, 램프, 등대 등이 필요하고 동트는 아침 즉, 부활의 새날을 갈망하는 것이다. 그런데 그 여정 속에 한 가지 복음(복된 소식/Good news/gospel)이 있다. 이 여정의 시작부터 신의 아들이 동참하고 있다는 것이다. 예수께서 "배에 오르시매 제자들이 따랐더니(8:23)"라 하였다. 아하! 내 인생의 여정 시작부터 신이 나와 함께 하셨구나! 이렇게 임마누엘을 깨닫는 것이 신앙의 시발점이다. 내 배에, 내 몸에 신이 임재해 있구나! 한국말이 참 멋있지 않나? 내 배가 인생이라는 항해를 할 때 꼭 필요한 내 몸이라는 사실. 즉, 내 몸이 반야용선이라는 것이다. 그래서 사도 바울이 《고린도전서》 3장 16절에 이렇게 주장한다: Do you not know that you are God's temple and that God's Spirit dwells in you? "당신 몸이 거룩한 성전이요, 그 안에 신의 영/예수 그리스도가 내재해 있는 것, 그것을 알지 못하십니까?"라고 반문하고 있다. 그런데 문제는 신이 우리와 함께하신다고 해서 풍랑을 만나지 않는다는 보장이 없다는 것이다. 인생이 바다라는 여정이라면 그 생은 결코 쉬운 여정이 아니며 매일 매일 겪어야만 하는 잔잔한 물결뿐만 아니라 허리케인이나 태풍과 같은 거대한 풍파도 내게 닥쳐온다는 사실을 주목해야만 할 것이다. 물론 순풍에 돛단 듯 평안한 시절도 있지만 인생이라는 여정이 그렇게 만만하지가 않다는 것을 우리는 경험하고 살아가고 있다.

예수가 물 위를 걸었다는 에피소드에 베드로가 보트 밖을 나와 물 위를 걷는 장면이 있다. 그런데 큰 풍랑을 보자 다시 물속으로 빠져 들어가 버린다. 이것이 주는 메시지가 무엇인가? 사람은 누구나 인생 항해에서 물에 다시 빠질 수 있는 존재라는 것이다. 특히 정상이 올랐다고 생각되었을 때 그런 경우는 경험하는 경우가 많다. 왜 인간들이 자꾸 물에 빠져서 헤매는 삶을 사는가? 불교의 경전 《반야심경》에서는 우리가 집착하기 때문이라고 말한다. 이 집착을 내려놓아야 한다는 것이다. 이를 방하착이라 한다. 불교는 아상을 버리는 종교다. 나다, 내 것이다, 내가 했다는 그 상을 버리고 함이 없이 자연스럽게 물 흐르듯이 해야 함을 강조한다. 십계명의 제1계명 "내 앞에서 다른 신을 네게 두지 말라"는 말씀과 일맥상통한 말씀이다. 다른 신이란 '아상' 내가 만든 상을 말할 수도 있다. 많은 기독교인이 가지고 있는 신은 '아상'으로서의 하나님인 경우가 많다. 말은 천지 창조주의 하나님을 부르지만, 실제로는 자기가 만들어 놓은 신을 가지고 남을 정죄하고 심판하는 경우가 허다하다. 그런 아상의 신을 가진 기독교인들이 불교 경전에 들어서가 오줌을 갈기지 않나 국보급의 벽화를 훼손하는 만행을 저지르고 있는 경우를 목도한다. 또 이런 만행에 대한 반성으로 기금을 모아 화해의 메시지를 전하는 신학교 교수가 교단과 학교에서 파면당하는 현실이다. 참으로 부끄러운 일이다. 그런 사람들이 총회장에서 발언권을 주지 않는다고 가스총을 호주머니에서 꺼내어 대의원들을 위협하고 자기 신변 안전을 위한다고 용역 깡패 150명을 동원했다는 기사를 접할 때면 이것이 과연 종교, 기독교인가라는 회의를 하지 않을 수 없다.

기독교의 십계명과 비슷한 것이 불교에 있는데 이를 십진계라고 한다. 이는 불교에서 제시하는 아상을 극복하는 윤리적 실천적 방법이다. 첫째, 불살생, 즉 살생하지 말 것. 이를 적극적으로 해석하면 방생 남을 살리는 삶을 살 것을 강조한다. 둘째, 불투토, 도둑질하지 말 것. 이를 적극적으로 해석하면 근면한 삶을 살 것을 강조한다. 셋째, 불사음, 청정치 못한 남녀관계를 피할 것(정음의 남녀관계를 유지할 것). 넷째, 불망어, 거짓말하지 말 것(정어: 바른말을 사용할 것). 다섯째, 불양설, 즉 이간질하지 말 것(진어 참말을 할 것). 여섯째, 불악구, 거친 욕설이나 말을 하지 말 것. 일곱째, 불기어, 꾸미는 말을 하지 말 것. 여덟째에서 열 번째는 탐진치이다(탐: 탐욕스러운 마음을 내지 말 것. 진: 성내지 말 것. 열 번째, 치: 무지함, 어리석음을 피할 것). 불교에서는 이생에서 어리석은 삶을 산 사람들은 다음 생에 동물로 태어난다고 가르친다. 무슨 과학적 근거가 있는 표현은 아니지만, 사람보다 IQ가 나쁜 생물이 동물이기에 그렇게 가르친다고 여겨진다. 십진계를 보면 머리, 마음, 생각으로 짓는 죄 3가지, 입으로 짓는 죄 4가지, 그리고 몸으로 짓는 죄 3가지로 구분한다.

왜 서양의 교회들이 죽어 가는가? 필자가 경험한 개인적인 견해로는 기본기가 없기 때문이라고 진단하고 싶다. 십계명과 같은 기본기를 더 이상 교회에서 언급하지 않는다. 진정 교회가 다시 살아나서 세상의 빛과 소금의 역할을 감당하려면 십계명과 같은 기본기를 우리가 다시 연

마하고 그것을 우리 자녀들에게 가르치는 작업을 다시 해야 할 것이다.

다시 《마태복음》 본문으로 돌아가 보자. 모진 풍랑에 예수를 태운 배는 거의 난파 직전에 놓여 있다. 우리는 각자의 삶에서 이런 경험을 한두 번 정도는 했다. 그럴 때 어떻게 그 험난한 풍파를 나왔는지 되돌아볼 필요가 있다. 물론 911(혹은 119)에 전화를 걸면 긴급구조대가 와서 재산과 목숨을 구할 수 있다. 그러나 우리가 영적으로 공허하고 피폐되었을 때 어떻게 하고 있는지, 우리의 참된 구세주는 어디에 있는지를 살펴볼 필요가 있다. 《마태복음서》의 저자는 말한다. 그 예수, 신의 아들, 구세주는 당신 배 밑창에서 잠자고 있다고…. 《마가복음》 4장 38절에서 "예수께서는 고물(배의 뒷부분)에서 베개를 베고 주무시더니"라고 표현하고 있다. 인간이라는 배 깊은 내면에, 의식 속에서 참나가 내재해 있는데 사람들은 자기 안에 참 구세주가 있다는 것, 잠복해 있다는 것을 망각하고 사는 경우가 허다하다. 왜냐하면, 불이 물에 들어오면, 불은 죽기 때문이다. 이를 달리 표현하면, 하나님의 영이 인간이라는 몸에 들어오면 그 영은 불처럼 물속에서 쉽게 사그라져 잠든 상태에 놓이게 된다는 것이다. 세상사를 살면서 이렇게 잠들어 꺼진 불을 다시 일으켜 세운다는 것이 얼마나 힘든 것인지 경험해 보지 않은 사람은 모를 것이다. 글쎄, 풍랑이 불고 배에 물이 차오르는데 예수란 분이 배 후미에서 천연덕스럽게 베개까지 베고 잠들어 계신다. 아니, 영적 리더십을 발휘해도 시원찮을 판에 잠들어 계신다는 것이 말이 되는가? 그런 것을 또 믿으라고 강요하는 종교는 그 본질적인 맛을 잃은 종교다. 성서 본문은 그런 뜻을 전하려는 것이 아니다. 예수가 배 후미에서 잠들어 계신다는 말은 하나님의 영 그리스도가 우리 각각의 몸 안에 무활동 상태로 내재해 있다는 의미다. 그것이 바로 종교적인 용어로 죽음이다. 오늘날 많은 사람들은 그 죽음을 깨닫지 못하고 눈에 보이는 것 육체적인 것, 물질적인 것만을 추구하고 산다. 사도 바울은 그런 사람들을 죽은 자라고 명명한다.

《로마서》 8장 5–6절을 살펴보자.

(8:5) 육체를 따라 사는 사람들은 육체적인 것에 마음을 쓰고 성령을 따라 사는 사람들은 영적인 것에 마음을 씁니다. (8:6) 육체적인 것에 마음을 쓰면 죽음이 오고 영적인 것에 마음을 쓰면 생명과 평화가 옵니다

좀 더 이해를 구하기 위해 영어 성경을 살펴보겠다.

《Romans》 8:5–6

5 For those who live according to the flesh set their minds on the things of the flesh, but those who live according to the Spirit set their minds on the things of the Spirit. 6 To set the mind on the flesh is death, but to set the mind on the Spirit is life and peace.

여기서 사도 바울이 말하고 있는 죽음이란 이 땅 위에서의 인생 여정

의 마지막에 영과 혼이 분리되는 전통적인 의미의 죽음을 의미하지 않는다. 육체적인 것에 마음을 두면 죽음이 오는 것이 아니라 그것 자체가 죽음이라는 의미다. 즉, 성서에서 말하는 죽음이란 내 안에 예수, 하나님의 영이 있는데, 잠들어 있는 상태를 말하는 것이다. 그들은 이 세상 삶에서 육적인 것만을 추구하고 사는 삶을 사는 사람들이요, 이미 죽은 자들이다. 그 반대인 생명과 평화는 무엇인가? 영적인 것이 마음을 두는 것이다. 잠들어 있는 예수를 깨우는 작업을 하는 삶이다. 신앙생활을 한다는 것은 영적인 것이 우리의 마음을 두는 것이다. 다시 말하면, 내 안에 잠들어 있는 하나님의 영/구세주를 깨우는 행위를 말한다. 그것을 도와주는 역할을 하는 것이 종교다. 종교의 목적은 사후 세계를 논하고 말하는 것이 아니다. 우리가 원하든 원치 않든, 우리는 탕자처럼 궁극적으로 아버지 집, 본향으로 돌아갈 것이다. 그것은 염려하지 마시길 바란다. 종교는 어떻게 거기까지 안전하게, 의미 있게, 또 풍랑이 일면 그것을 헤쳐가면서 도달할 수 있느냐에 focus를 두어야 한다. 불교식으로 말하면 반야용선을 타라는 것이고 기독교식으로 말하면 배 후미에 잠들어 계신 하나님의 영/예수 그리스도를 깨우라는 것이다. 그래야 풍랑이 휘몰아치는 파도를 잠잠케 하고 항해를 계속할 수 있다는 것이다. 사후세계를 논하는 종교는 무지하거나 사기이거나 기만일 가능성이 높다. 사후세계는 우리의 business가 아니다. 그것은 전적으로 하나님 소관이다. 그런데 이 세상은 우리의 business다. 물질적인 것, 육체적인 것에 마음을 둘지 아니면 영적인 것이 마음을 둘지 이것은 전적으로 우리 손에 달려 있다. 이 세상에서 생명과 평화를 맛보기 위해서는 제자들처럼 잠들어 계신 하나님의 영, 즉 깨달음의 지혜를 얻어야 할 것이다. 그래서 마태의 본문은 잠에서 깨어난 예수가 풍랑을 잠잠케 하는 것으로 이야기가 마무리된다. 사도 바울은 각각의 배에서 잠들어 계신 그리스도를 깨운 사람들을 이렇게 정의한다. "사실 하느님의 성령께서 여러분 안에 계시다면 여러분은 육체를 따라 사는 사람이 아니라 성령을 따라 사는 사람입니다. 그러나 그리스도의 성령을 모시지 못한 사람은 그리스도의 사람이 아닙니다(롬8:9)." 공동 번역에는 그리스도의 성령을 모신다, 그리스도의 성령이 밖에서 안으로 들어오는 것으로 되어 있으나 영어 성경은 그렇지 않다.

《Romans》 8:9

9 But you are not in the flesh; you are in the Spirit, since the Spirit of God dwells in you.

당신은 육체에 속한 사람이 아닙니다. 당신은 영에 속한 사람입니다. 왜냐면 하나님의 영이 당신 안에 거하니까요!

8장.
화롯불 속에서 살아난 다니엘의 세 친구 이야기가 주는 의미

《다니엘서》 3장 14–27

(3:14) 느부갓네살이 물었다. "사드락, 메삭, 아벳 느고, 너희는 내가 세운 금신상 앞에 절을 하지 않고 내가 위하는 신을 섬기지 않았다니, 그게 사실이냐? (3:15) 이제라도 나팔, 피리, 거문고, 사현금, 칠현금, 통소 등 갖가지 악기 소리가 나는 대로 곧 엎드리어 내가 만든 신상 앞에 절할 마음이 없느냐? 절하지 않으면 활활 타는 화덕 속에 던질 터인데, 그래도 좋으냐? 내 손에서 너희를 구해 줄 신이 과연 있겠느냐?" (3:16) 사드락과 메삭과 아벳 느고가 느부갓네살 왕에게 대답했다. "저희는 임금님께서 물으시는 말씀에 대답할 마음이 없습니다. (3:17) 저희가 섬기는 하느님께서 저희를 구해 주실 힘이 있으시면 임금님께서 소신들을 활활 타는 화덕에 집어넣으셔도 저희를 거기에서 구해 주실 것입니다. (3:18) 비록 그렇게 되지 않더라도 저희는 임금님의 신을 섬기거나 임금님께서 세우신 금신상 앞에 절할 수 없습니다." (3:19) 느부갓네살은 사드락과 메삭과 아벳 느고의 말을 듣고는 금방 안색이 달라지며 노기에 차서 화덕의 불을 여느 때보다 일곱 배나 뜨겁게 지피도록 하고, (3:20) 군인들 가운데서도 힘센 장정들을 뽑아 사드락과

메삭과 아벳 느고를 묶어 활활 타는 화덕에 집어넣으라고 명하였다. (3:21) 사람들은 그들을 도포와 속옷 등 옷을 입고 관을 쓴 채로 묶어서 활활 타는 화덕 속에 집어넣었다 (3:22) 왕명이 그만큼 급했던 것이다. 화덕이 너무나 달아 있었으므로 사드락과 메삭과 아벳 느고를 넣던 사람들이 불길에 타 죽고 말았다. (3:23) 사드락과 메삭과 아벳 느고 세 사람은 꽁꽁 묶인 채 불 타는 화덕 속에 던져졌다. (3:24) 그런데 느부갓네살 왕이 깜짝 놀랄 일이 생겼다. 그는 벌떡 일어나 측근자에게 물었다. "꽁꽁 묶어서 화덕에 집어넣은 것이 세 명 아니었더냐?" 그들이 대답했다. "임금님, 그렇습니다." (3:25) "그런데 네 사람이 아무 탈없이 화덕 속에서 거닐고 있으니, 어찌된 일이냐? 저 넷째 사람의 모습은 신의 모습을 닮았구나" 하면서 (3:26) 느부갓네살은 활활 타는 화덕 어귀에 가서 이렇게 외쳤다. "사드락과 메삭과 아벳 느고야, 지극히 높으신 하느님을 섬기는 자들아, 어서 나오너라." 사드락과 메삭과 아벳 느고가 화덕에서 나온 다음 (3:27) 지방장관들과 대신들, 총독들, 왕의 측근들이 모여와 그들을 살펴보니, 몸이 불에 데기는커녕 머리카락 하나 그슬리지 않았고 도포도 눋지 않았으며 불길이 닿은 냄새조차 나지 않았다.

《다니엘서》의 문학적 장르는 종말론적 소설이다. 구약 개론서 정도를 읽으시면 알 수 있는 정보다. 이렇게 받아들이면 된다. "성서에 소설도 포함되어 있구나." 성서에 시와 찬송가도 포함되어 있다. 《시편》이 바로 좋은 예다. 《다니엘서》는 소설이지만, 하나님의 말씀이다. 그만한 가치가 있다.《다니엘서》가 지금의 모습을 갖춘 것은 기원전 168년 전후로 유대인들이 팔레스틴 지역에서 시리안 정권에 의해서 종교적 탄압을 받던 시기였다. 그러나 이 소설의 역사적 background는 B.C. 6세기경까지 올라간다. B.C. 582년에 유대 예루살렘이 바빌론 제국에 함락되고 나서 유대인 엘리트들이 바빌론으로 끌려가서 살고 있는 시대를 배경으로 하고 있다. 《다니엘서》의 저자는 흔히들 알고 있는 다니엘이 아니고 작자 미상이다(소설의 주인공이 실제적 저자가 될 수 없는 노릇이다). 이것을 우리 한국식으로 옮긴다면 다음과 같다. 극심한 탄압을 받던 일본 강점기에 의도적으로 이름을 숨긴 작가가 임진왜란 때의 전설적인 인물을 영웅적으로 자신의 작품 속에서 그림으로써 암울한 일제 식민지 상황에서 조금만 참고 견디면 밝은 미래, 일제 멸망이라는 종말론적 새 희망이 우리에게 올 것이라는 책을 세상에 내놓은 것과 같다.

필자는 어렸을 때 주일학교 공과 공부시간에 다니엘 세 친구 이야기를 처음 들었다. 그리고 '믿음이 좋은 다니엘의 세 친구 사드락, 메삭, 아벳느고처럼 어떤 어려움 박해가 있을지라도 하나님을 믿고 신뢰하면, 다시 말하여, 배반하지 않으면 이들처럼 펄펄 타오르는 화롯불에 들어가도 머리 털끝 하나도 상하지 않을 것이다'라고 배우고 믿었다. 필자는 오랫동안 신앙은 믿을 수 없는 것을 믿는 것이라고 생각하고 살았다. 아마도 여전히 대부분의 믿음이 좋다는 신앙인들은 이 범주에 속할 것이다.

만약에 믿음 좋은 신앙인이란 믿을 수 없는 것을 믿는 사람이라고 한다면, 다시 말해 다니엘의 세 친구처럼 펄펄 타오르는 화롯불에 들어가도 머리 털끝 하나도 상하지 않았다는 성서의 이야기를 문자적으로 믿는 것이 신앙이라면, 비이성적이고 상식 밖인 사람이어야만 이런 신앙을 가질 수 있겠다는 생각이 든다. 아니면 이성과 상식을 교회 올 때 잠깐 교회 밖에 세워 놓고 들어오는 사람들일 것이다. 또 그렇게 믿는 사람들의 심보는 자기에게도 미래에 혹시 그러한 일이 닥쳤을 때 '전지전능하신 하나님이 이 세 친구에게 해 주었던 것처럼 보호해 주시겠지'라는 심리가 작용하고 있다고 본다. 필자는 성서를 더 이상 그런 시각으로 읽지 않는다. 성서라는 이야기 속에서 담겨 있는 본질적인 메시지가 무엇인가를 묻고 답을 찾는 것이 목사요, 설교가의 사명이라 믿는다. 알맹이(Kernel)를 맛보기 위해서는 겉껍질(husk)을 깨야만 한다.

본문으로 들어가 보자. 네부카드네자르로 통칭되는 이 세상의 권력자들은 언제나 황금상을 만들어 놓고 그것을 섬기고 그것에 복종하도록 강요한다. 옛날이나 지금이나 똑같다. 오늘날에는 이 황금상이 어디에 있는가? 맨해튼의 뉴욕 증권 거래소 앞에 가보면 '황소상'이 우뚝 서 있다. 매일 매일 전 세계의 눈이 그곳을 주목하고 있다.

모세가 이스라엘 백성을 출애굽하고 나서 시내산 정상에 홀로 올라가서 하나님의 백성으로 기 살기 위한 계명을 받으러 간 사이에 남아 있던 사람들이 무슨 짓을 했는가? '황금 송아지'를 만들어 거기에 절하고 축제를 벌였다. 황금 송아지를 하나님으로 섬긴 것이다. 동물이라는 몸을 가지고 태어난 우리 인간들은 쉽게 돈 앞에, 권력 앞에 동조하고 복종한다. 그런데 여기 감히 그 거대한 권력의 힘 앞에 황금의 힘 앞에 반기를 든 세 친구가 있다. 하나님을 믿는다는 것은 이런 사람들을 두고 하는 말이다. 하나님의 영이 살아 숨 쉬는 사람들이다. 사드락, 메삭, 아벳느고라는 이름은 바벨론에 도착해서 받은 새로운 이름이다. 이들의 본래 히브리 이름을 가지고 있었다. 사드락은 하나나이야, 메삭은 미사엘, 그리고 아벳느고는 아자라이야였다. 히브리어에 '…이야'나 '…엘'은 모두 이스라엘의 신에 대한 다른 이름이다. '이스라'에 '엘'이 붙어서 하나님의 백성이 되고, 선지자 '엘리야'에도 '엘'과 '야'가 붙고, '예레미야'에도 하나님을 뜻하는 '이야'가 붙어 있다. 다니엘에게도 '엘'이 붙어 있다. '하나나이야'라는 이름의 뜻은 '하나님은 자비로우시다'이고, '미샤엘'은 '하나님이 하시는 일을 보고 하나님인 줄 안다', 그리고 '아자라이야'는 '하나님은 도우신다'라는 뜻이다.

Hananiah: Yahweh has been gracious.

Mishael: Who is what God is.

And Azariah: Yahweh has helped.

다니엘의 세 친구 이야기를 알레고리컬한 시각으로 살펴보자. 첫 번째, 바벨론이라고 하는 제국이란 동물의 힘이 지배하는 이 땅을 상징한다. 우리도 다니엘의 세 친구처럼 하나님의 속성을, 하나님의 DNA를 지니고 이 세상에 왔는데 이 세상에 온 이래로 그 본래 이름은 상실해 버리고 세상 이름만을 가지고 살아가고 있다는 것이다. 바벨론에 사는 거의 모든 사람은 자기 속에 신의 속성이 있다는 것을 망각하고 세상에 복종하고 황금상 앞에 절하고 숭배하는 반면, 하나님의 DNA가 살아 있는 세 친구는 그 앞에 절하지 않는다는 것이다. 바로 그것이 하나님의 사람이고 그것이 하나님을 믿는 믿음이다.

하나님의 사람인 예수가 광야에서 시험받는 이야기와 비교해 보면 오늘 이야기를 푸는 데 도움이 된다. 사탄이란 무엇인가? 머리에 뿔 난 괴물인가? 아니다. 황금상에게 절하도록 강요하는 제국의 법이 사탄이다. 다시 말하면, 문명 발달의 보편성(normalcy of civilization), 일상성을 '사탄'이라 명한다. 문명의 발달이란 keep mine, take yours에 기초하고 있지 않은가! 이 세상사 돌이 떡이 되어 누구나 배불리 먹으면 되는 것이지 하나님의 아들이 뭐 다른 것 할 것 있어? 부자 시켜 주면 다 만족하고 사는 세상 아니겠어? 그렇게 유혹하는 것이 바로 사탄의 속성이요, 우리가 사는 제국의 기초다. 오늘날 많은 정치 지도자들이 그렇게 해서 표를 얻어 대통령이 되고자 한다. 사탕발림에 자기의 양심, 인간성을 파는 동물이 많다는 것이 문제다. 우리말에 사탄과 사탕은 그런 차원에서 그 어원이 같다고 하겠다.

예수의 대답이 어떠했는가? 사람이 떡으로만 살 것이 아니라고 잘라 말씀하셨다. 떡! 참으로 중요하다. 경제가 지금처럼 우리의 삶의 중심에 놓인 적이 또 언제 있었는가! 그러나 사람은 떡으로만 사는 동물이 아니라는 것이다. 정말 그런가? 그것을 어떻게 증명할 수 있단 말인가?

불 속에 던져져 보아야만 알 수 있다. 성서에 불, flames of fire란 무엇인가? 《시편》 29편 7절에 flames of fire란 하나님의 음성이라고 말한다. 《Psalm》 29:7 The voice of the LORD flashes forth flames of fire. 성서의 언어는 상징이다. 불을 문자적으로 빨갛고 노랗게 타오르는 뜨거운 것이 아니라 하나님의 음성, 영을 깨우는 하나님의 소리, 하나님의 말씀이 불이다. 《이사야》 66장 15절에 "주는 불로 오신다"라고 되어 있다. 《Isaiah》 66:15 For the LORD will come in fire, and his chariots like the whirlwind, to pay back his anger in fury, and his rebuke in flames of fire. 영이신 하나님이 불로 오신다는 말은 말씀으로, 정신으로 오신다는 것이다. 그런데 사드락, 메삭, 아벳 느고가 불 속에 던져졌을 때 어떤 현상이 일어났나? 세 사람을 집어넣었는데 왕은 네 사람이 불 속에 살아 있는 것을 발견한다(성서의 이야기가 무슨 매직 쇼인가? 이를 문자적으로 믿으시겠는가? 한 번 불 속에 들어가 보실래요?). 이 이야기의 본질적인 의미는 동물이라고 하는 몸이 하나님의 신적 원칙이라는 불 속으로 던져졌을 때 오직 영만이 남게 된다는 것이다. 육적인 것, 돈은 불에 들어가면 재로 변하지만, 정신만이 불 속에서 더욱 빛난다는 것이다. 이것은 마치 켈트족들이 추분의 축제인 핼러윈 밤에 동물을 잡아 그 뼈를 장작불에 내던짐으로써 자기를 정결케 하는 예식과 같다. 즉, 내 안에 있는 동물적인 것, 육적인 것을 하나님의 말씀, 음성이라는 불 속에 내던져 불사를 때 그 속에 영속하는 것은 내가 소중하게 간직해 왔던 진리의 말씀뿐이라는 것이다. 우리말로 하면 '얼'만이 남는다는 것이다. 그것만이 영생이다.

《로마서》 8장 6절에서 바울은 이렇게 말한다. "육적인 것에 마음을 두면 죽음이요, 영적인 것에 마음을 두면 생명이요, 평화다." 동물이라는 몸을 가진 인간은 황금을 숭배하게 되어 있다. 그러나 하나님의 자녀들은 살아계신 영을 예배한다. 그래서 예수께서는 《요한복음》 4장 24절에 "하나님은 영이시니, 예배하는 자는 신령과 진정으로 예배할지니라"라고 말씀하셨다. 《히브리서》 1장 7절에 이렇게 말씀한다. "그는 천사들을 바람이 되게 하시고 그의 종/일꾼들은 flames of fire가 되게 하셨다." 《Hebrews》 1:7 Of the angels he says, "He makes his angels winds, and his servants flames of fire."

불, 불꽃이란 하늘의 소리, 하늘로부터 내려온 영에 대한 상징적 표현이다. 그 하늘의 소리를 내는 자는 하나님의 일꾼/자녀다. 우리가 처한 각각의 신앙공동체는 하늘의 소리를 내는 자들, 진리라는 불 속에 내던져졌을 때 살아남는 자들의 모임이어야 한다. 그러기 위해서는 진리의 말씀을 가지고 서로 씨름하고 가르치고 배우면서 또 그것을 실천하는 삶을 살아야 할 것이다.

인생은 커다란 학교다. 이 학교를 졸업할 때까지는 가르치고 배우는 일을 반복할 수밖에 없다. 필자는 항상 학생이라는 자세로 산다. 왜냐면 배움의 세계는 끝이 없기 때문이다. 이 말은 남의 말을 들을 귀가 있다는 것이다. 새로운 생각에 대해서 열린 마음을 가지고 있다는 말이다. 그리고 내가 실수하거나 잘못했을 때 그것을 인정하고 상대방에게 용서를 구한다는 것이기도 하다. 학생은 잘못할 수 있다. 선생도 실수할 수 있다. 그것을 너그럽게 보아 넘기는 넓은 마음이 있는 곳이, 남의 허물을 덮어주는 곳이 필자가 꿈꾸는 신앙공동체다.

9장.
오병이어 대한 새로운 이해

《마태복음》 14:15-21

15 And when it was evening, the disciples came to
Him, saying, "The place is desolate, and the time is
already past; so send the multitudes away, that they may
go into the villages and buy food for themselves." 16 But
Jesus said to them, "They do not need to go away; you
give them something to eat!" 17 And they said to Him, "We
have here only five loaves and two fish." 18 And He said,
"Bring them here to Me." 19 And ordering the multitudes
to recline on the grass, He took the five loaves and the
two fish, and looking up toward heaven, He blessed
the food, and breaking the loaves He gave them to the
disciples, and the disciples gave to the multitudes, 20 and
they all ate, and were satisfied. And they picked up what
was left over of the broken pieces, twelve full baskets. 21
And there were about five thousand men who ate, aside
from women and children.

(14:15) 저녁이 되매 제자들이 나아와 이르되 이 곳은 빈 들이요 때
도 이미 저물었으니 무리를 내어 마을에 들어가 먹을 것을 사 먹게 하소
서 (14:16) 예수께서 이르시되 갈 것 없다 너희가 먹을 것을 주라 (14:17)
제자들이 이르되 여기 우리에게 있는 것은 떡 다섯 개와 물고기 두 마리
뿐이니이다 (14:18) 이르시되 그것을 내게 가져오라 하시고 (14:19) 무리
를 명하여 잔디 위에 앉히시고 떡 다섯 개와 물고기 두 마리를 가지사 하늘
을 우러러 축사하시고 떡을 떼어 제자들에게 주시매 제자들이 무리에게 주
니 (14:20) 다 배불리 먹고 남은 조각을 열두 바구니에 차게 거두었으며
(14:21) 먹은 사람은 여자와 어린이 외에 오천 명이나 되었더라

예수께서 보리떡 다섯 개와 물고기 두 마리로 오천 명을 먹인 이야기는 많은 기독교인에게 친숙한 이야기이다. 누누이 강조하지만 문자주의를 극복하는 것이 진리를 찾아가는 첫걸음이다. 세상에 태어났다는 것은 고생문 시작이다. '한 마리의 잃어버린 양'과 같은 모습이 우리의 세상사이다. 세상에 태어났다는 말을 다른 종교적 상징으로 표현하면 물에 풍덩 빠졌다는 말로 표현되기도 한다. 성경에 누가 물에 풍덩 빠졌는가? 요나다. 그러면 누가 물에 빠져 허우적거렸는가? 예수의 제자 베드로다. 또 누가 물에 빠졌는가? 모세가 태어날 때 모든 이스라엘의 자식들이 물에 풍덩 내던짐을 당했다. 이 모두 엄청난 상징적 표현이다. 다시 말하면, 하나님의 백성으로 이 세상에 태어난 모든 사람은 '물에 빠진 존재'라는 것이다. 성서의 이야기를 이처럼 상징으로 읽으면 나의 이야기, 당신들의 이야기가 된다. 사람이 물에 들어가면 살려고 바둥거린

다. 포유류이기에 물속에서 오래 견딜 수 없다. 세상에 산다는 것은 이처럼 사지를 움직여야만 한다. 세상을 산다는 것은 여기저기에 제약을 받고 구속을 당하고 살 수밖에 없다. 마치 노예처럼….

그런데 물에서 자유로운 동물이 하나 있다. 바로 물고기다. 불당에 가보면, 물고기 한 마리가 대웅전 처마 밑에 걸려 있는 모습을 종종 발견한다. 또 목어, 나무를 깎아 물고기 모양을 만들고 그 속을 파내어 소리를 내는 도구가 있다. 이 말은, 세상이라는 물속에 왔으니, 다른 짐승들처럼 바둥거리지 말고 물고기처럼 살라는 뜻이다. 물고기는 잠을 자면서도 눈을 뜨고 있는 존재다. 깨어 있는 존재라는 것이다. 그러니 물고기처럼 항상 깨어서 중생을 구제하는 존재가 되라는 의미다.

본문으로 들어가 보자. 여기 지금 우리 식탁 앞에 떡 다섯 개와 물고기 두 마리가 있다고 하자. 성인 몇 명이 배불러 먹을 수 있는 양이라고 생각하는가? 한 명 혹은 최고로 잡아도 세 명일 것이다. 그런데 성인 남성 5,000명이 배불리 먹었다고 기록하고 있다. 만약 그 자리에 있던 여자와 어린아이들을 포함하면 최소한 1만 5,000명에서 2만 명이 이 작은 양으로 배불리 먹었다는 것이다. 여러분은 이 이야기를 역사적 사실 또는 문자적으로 믿는가? 예수를 뻥튀기 장수로 만들지 말자. 오병이어의 기적을 현대에서 현실화시키는 가장 현실적인 방법은 로또 649(캐나다 복권)를 사서 당첨되어 그것을 나누면 5,000명, 어쩌면 5만 명이 배불리 먹을 수 있을 것이다.

성서에서 떡은 하나님의 말씀을 상징한다. 《마태복음》에서 떡 다섯 개란 모세 오경(《창세기》, 《출애굽기》, 《레위기》, 《민수기》, 그리고 《신명기》 등의 《구약성서》 맨 앞에 있는 다섯 경전)을 상징합니다. 그래서 제자들이 이와 같이 반응한다. '우리가 가진 것은 이것밖에 없다고….'

한편 물고기 두 마리는 진리이신 예수 자신을 상징한다. 앞에서 언급했듯이 물고기는 종교적 상징으로 자유로운 자를 나타낸다. 종교를 갖는 이유는 자유를 얻기 위해서이다. 만약 당신의 종교가 당신을 속박하고 노예로 만든다면, 당장 때려치우라. 그것은 종교의 옷을 입은 괴물이다. 예수를 믿는다, 죄에서 사함을 받는다, 자유를 얻는다, 모두 다 종교적으로 같은 표현이다.

왜 물고기 한 마리가 아니라 두 마리인가? 이것을 이해하려면 동양의 십이지신과 같은 서양의 조디악 사인을 이해해야 한다. 이 사인(The signs of the zodiac)은 서양에서 황도대를 열둘(12)로 구분하여 배치한 별자리이다.

Aries(백양궁, Ram), Taurus(금우궁, Bull), Gemini(쌍자궁, Twins), Cancer(거해궁, Crab), Leo(사자궁, Lion), Virgo(처녀궁, Virgin), Libra(천칭궁, Balance), Scorpio(천갈궁, Scorpion), Sagittarius(인

마궁, Archer), Capricorn(마갈궁, Goat), Aquarius(보병궁, Water-bearer), Pisces(쌍어궁, Fishes)가 있다.

이 십이궁의 마지막인 쌍어궁은 언제나 두 마리(Two fish)다. 시대가 바뀔 때마다, 패러다임의 바뀔 때마다 별자리의 주인이 바뀐다. 서양에서는 이 변화의 주기를 2250년으로 본다. 예수 당시가 바로 이런 패러다임의 변화가 오던 시기였다. 하늘의 상징인, 별의 상징인, 영의 상징이었던 백양궁 양(ram)의 시대가 끝나가고 새 시대인 쌍어궁(two fish)의 시대가 도래할 때가 바로 예수의 시대라는 것이다. 초기 기독교 회사를 보면, 로마의 핍박을 받던 초대 기독교인들이 카타콤에서 그린 물고기는 언제나 두 마리였다. 이제 왜 복음서에서 물고기 두 마리를 강조하는지를 이해했으면 한다. 떡 다섯 개와 물고기 두 마리를 배불리 먹어야, 즉 모세 오경과 영이신 예수를 말씀을 먹어야 이 세상에서 노예가 아니 자유인으로 살아갈 수 있다. 이 이야기의 마지막에 열두 바구니가 남았다고 되어 있다. 이 말은 예수께서 지구의 오염을 걱정해서 먹다 남은 쓰레기를 recycle 하기 위해 Compost Box를 모았다는 것이 아니다. 성서에서 열둘(12)은 하나님의 모든 자녀(the whole people of God)를 상징하는 숫자다. 영어식 표현에 주목하시길 바란다. 그러므로 이 세상에 태어난 모든 사람은 하나님의 자녀라고 할 수 있다. 즉, 모든 사람을 위해서 열두 광주리가 준비되어 있다는 내용으로 이야기가 마무리되고 있다. 그래서 신의 말씀은 그 형태는 다를지라도 모든 사람에게 전해져 왔고 또 계속해서 전해질 것이다. 그러므로 자기 신앙, 자기 교회, 자기 종파, 종교만이 참 진리를 소유하고 있다고 감히 주장하지 말자.

10장.
죽음에 대한 새로운 이해: 윤회사상을 중심으로

《마태복음》 8:28-34

(8:28) 예수께서 호수 건너편 가다라 지방에 이르렀을 때에 마귀 들린 사람들이 무덤 사이에서 나오다가 예수를 만났다. 그들은 너무나 사나워서 아무도 그 길로 다닐 수가 없었다. (8:29) 그런데 그들은 갑자기 "하느님의 아들이여, 어찌하여 우리를 간섭하시려는 것입니까? 때가 되기도 전에 우리를 괴롭히려고 여기 오셨습니까?" 하고 소리 질렀다. (8:30) 마침 거기에서 조금 떨어진 곳에 놓아기르는 돼지 떼가 우글거리고 있었는데(8:31) 마귀들은 예수께 "당신이 우리를 쫓아내시려거든 저 돼지들 속으로나 들여보내 주십시오" 하고 간청하였다. (8:32) 예수께서 "가라" 하고 명령하시자 마귀들은 나와서 돼지들 속으로 들어갔다. 그러자 돼지 떼는 온통 비탈을 내리달려 바다에 떨어져 물속에 빠져 죽었다. (8:33) 돼지 치던 사람들이 이것을 보고 읍내로 달려가서 이 모든 일과 마귀 들렸던 사람들의 일을 알렸다. (8:34) 그러자 온 읍내 사람들이 예수를 만나러 나와서 예수를 보고는 저희 고장에서 떠나가 달라고 간청하였다.

죽음이 두려운가? 우리 중에 죽음을 기쁘게 행복하게 성서적 용어로 영광스럽게 맞이할 준비가 되어 있는 사람은 몇이나 될까? 사실, 죽음을 이렇게 받아들이기란 쉽지 않다. 왜냐면 죽음 이후의 삶 혹은 세계에 대해서 알려져 있지 않고 불확실하기 때문에 우리는 죽음, 아니 그것을 말하는 것 자체를 꺼려한다. 종교는 이 주제에 대해서 어떤 행태로든지 답을 주어야 한다. 기독교는 그동안 예수천당 불신지옥의 구조 속에서 이 문제를 다루어 왔다. 문제는 그것이 더 이상 약발이 먹히지 않는다는 것입니다. 즉, 문제는 갈릴레이 갈릴레오가 지구가 둥글다고 선언한 400여 년 이래로 아직도 많은 신앙인이 지구는 평평하고 그 위에는 천당이 있으며 그 아래에는 지옥이 있다는 3층 구조 중세의 틀 속에서 믿음 생활을 하고 있다는 것이다.

혹시 기독교 안에서 영혼의 환생이란 교리에 대해서 들어 보신 적이 있는지 묻고 싶다. 기록에 의하면 6세기 이전에는 교회도 이 주제, 즉 영혼의 환생에 관해 이야기를 했다고 한다. 그런데 6세기 이후에 교권 강화라는 이유로 이 문제에 대해서 교회는 침묵을 강요해 왔고 그 결과 교회는 하나님에 대한, 진리에 대한, 삶에 대한, 삶 이후에 대한 보다 깊은 이해에 이르는 가치 있는 열쇠를 상실하고 만다. 고작 하는 말이 예수천당 불신지옥이다. 그래서 기독교를 엄청난 미치광이 집단, 비이성적, 몰상식한 집단으로 전락시켜 버렸다.

필자는 이글에서 2,000년 기독교 역사에서 1,500여 년 동안 침묵을 강요받아 그 형체마저 찾을 수 없는 오랫동안 숨겨져 왔던 보물 하나를 드러내 놓으려고 한다. 첫 번째, 성서에서 바다의 의미를 재인식하자. 우리의 세상사, 우리가 태어나서 죽을 때까지 헤쳐나아가야 할 세상사를 성서는 바다, 물 혹은 강으로 묘사한다. 태어났다는 것은 영이 세상이라는 바닷속에 풍덩 빠진 것이다. 잠들어 버리신 하나님의 영을 내 배에 태우고 저 건너편으로 항해하는 것이라고 '바다를 잠잠케 하신 예수 이야기'의 핵심이다.

라틴어 동사에 'Nare'라는 말이 있는데 이 말은 두 가지 의미를 동시에 내포하고 있다. 하나는 'to be born, 태어나다'라는 의미가 있고, 다른 하나는 'to swim, 헤엄치다'라는 의미가 있다. Nare라는 동사가 '태어나다'라는 의미로 파생되어 나온 영어 단어를 보면, 타고난(native), 나라(nation), 국적(nationality), 배꼽의(navel), 출생의(natal), 출생률(natality), 그리고 이름(name) 등이 있다. Nare가 '헤엄치다'라는 의미로 파생되어 나온 영어 단어는 항해하다(navigate), 해군(navy), 해군의(naval), 물에 떠 있는(natant), 수영법(natation) 등이 있다. 그런데 둘 사이에는 깊은 연관성이 있다. 왜냐면 그 어원이 같다. 즉, 이 세상에 태어났다는 것은 바다에서 헤엄치는 것과 같다는 의미다. 태어났으면 물 위를 걷든지, 헤엄을 치든지, 아니면 반야용선에 몸을 싣든지 건너가야만 한다. 바다라는 이 세상에 지금 내가 어디 놓여 있는지 살펴보자.

걷고 있는가? 열심히 수영법을 배우는 중인지? 아니면 잘 나가던 배가 난파되어 구조를 기다리고 있는 중인지?

오늘 본문은 바다를 잠잠케 하신 예수의 이야기 바로 다음에 위치하고 있다. 다시 말하면, 예수께서 바다를 잠잠케 하고 이 세상 항해를 다 마치고 바다 건너편에 도착한 것으로부터 본문이 시작된다는 것이다. '가다라'라고 불리는 건너편에 도달한 것은 피안의 세계 입구에 들어선 것이라고 해석할 수 있다. 즉, 오늘 본문은 사후세계에 대한 힌트를 우리에게 은유적으로 묘사해 주고 있다. 이 본문을 문자적으로 읽으면, 신앙의 제1단계의 눈으로 보면, 하나님의 아들 예수는 기껏해야 악령을 쫓아내는 무당(Exorcist) 정도로, 오늘날로 말하면, 정신과 의사나 심령치유사 정도로 이해할 수 있다. 그리고 이렇게 문자적으로 믿는 사람 중에 일부는 기도원에서 정신병 환자들을 귀신들린 사람들이라고 해서 두들겨 패 죽이는 행동까지 저지른다. 얼마나 비이성적이고 몰상식한가?

좀 더 깊이 들어가 보자. 예수는 신의 아들이다. 신의 아들은 그 역할이 있다. 캐나다연합교회 새 신조(1965년에 총회에서 인준 받음)에서 예수를 "Our Judge and our Hope, 우리의 심판자요 희망이다"라고 고백한다. 우리가 이 세상을 마치면 무엇이 기다리는가? 죽음이요, 무덤이다. 예수께서 바다를 건너 저 건너편 언덕에 도착했을 때 처음으로 직면한 것이 바로 무덤에서 나온 두 명의 귀신들(demons)이었다. 우리

말 성경에는 무덤 사이에서 나온 사람들로 되어 있지만, 영어 성경에는 coming out of the tombs라고 되어 있다. 무덤에서 나왔으면 귀신이지 무엇이겠는가? 일반적으로 육을 가진 사람들은 예수를 하나님의 아들 심판자로 인지하지 못하지만 귀신은 그가 누구인지 분별한 것이다. 그는 예수를 심판자일 뿐만 아니라 희망으로 본 것이다. 여기서 희망이란 새 생명을 주는 자라로 이해된다. 그래서 예수는 부활이다.

같은 내용이 들어 있는 《마가복음서》를 읽어보면 좀 더 구체적으로 상황을 묘사하고 있다. 예수께서 배에서 내릴 때 깨끗지 못한 영을 가진 한 사람이 무덤에서 나와 멀리서 예수를 보고 그가 누구인지 알아차리고 그 앞에 나와 엎드린다(마가 5:16). 그 사람(귀신)은 그것이 불결한 영이든 깨끗한 영이든 예수가 누구인지 또 그의 역할이 무엇인지 알아차린다. 영은 참과 거짓을 구별할 능력이 있다.

본문의 악령이 든 한 사람, 혹은 복수의 귀신들은 다름 아닌 무덤가를 떠도는 많은 영혼을 상징한다고 본다. 《마가복음》 5장 9절에 예수께서 그의 이름을 물었을 때 그는 자신의 이름을 군대(Legion)라고 대답한다(My name is Legion, for we are many). Legion은 군대 용어다. 로마군의 한 Legion은 최소 3,000에서 6,000명의 군인으로 구성되어 있다. 우리식으로 하면 사단급 규모다. 《마가복음서》는 그 군대의 수를 약 2,000명으로 기술하고 있다.

이들이 누구인가? 필자는 이들을 꽃다운 10대, 20대에 전쟁에 나가 전사한 젊은 군인들의 영혼들이지 않을까 생각해 본다. Full life를 이 세상에서 살지 못한 젊은 영혼들이 아직 한 단계 더 높은 천국에 들어갈 준비가 되어 있지 않나 보다. 고대 근동의 지혜 문학서나 심지어는 사도 바울도 천국을 일곱 층으로 되어 있다고 묘사하지 않았는가! 바울 자신도 3층 천까지 올라가 보았다고 그의 서신에서 말하고 있다.

한편, 성서에서 돼지(swine)는 항상 부정적인 이미지로 그려지고 있다. 이 군대라는 귀신들이 심판자이신 예수께 요청한다. 자신들을 저 돼지의 무리 속으로 보내달라고…. 다시 한번 강조하고 싶다. 이 이야기를 문자적으로 역사적 사실로 읽지 말아 주시길 부탁드린다. 예수 당시 팔레스타인 지역은 유대인이 주로 살고 있던 곳이다. 유대법, 그들의 문화 종교에 의하면 유대인들은 돼지고기를 먹지 않는다. 만약에 아무도 돼지고기를 먹지 않은데 돼지 농장이 근처에 있을 수 있겠는가? 만약에 여러분의 친구 중 Jewish(유대인) 친구가 있다면, 물어보라. 왜 돼지고기를 먹지 않는지? 아마 대부분은 이렇게 대답할 것이다. 그것은 우리가 오래 지켜온 전통이야! 우리 culture라고! 우리 종교법이 그것을 금하고 있지! 그러면 다시 이렇게 물어 보라. 왜 당신의 종교법은 그것을 금하고 있는가?

여기 하나의 실마리가 있다. 바이블을 포함해서 고대 근동의 지혜 문학서에 의하면 천상의 영혼을 이 세상에 내던질 때 이용되는 교통수단으로 세 마리의 동물이 있는데 그들은 악어, 하마, 그리고 돼지라고 한다. 고대 근동 사람들은 돼지가 천상의 세계에서 지상의 세계로 영혼을 옮기는 역할을 하는 교통수단 중에 하나라고 믿었고, 유대인들은 저 돼지가 아니었다면 내가 이 세상에 와서 고생하지 않고 저 천상에서 영생복락을 누리고 살 텐데, 저 원수 같은 돼지 때문에 이 생에 와서… 하면서 그 고기를 먹지 않지 않으냐는 추론해 본다.

《마가복음》 5장 12–13절을 읽어보자.

(5:12) 악령들은 예수께 "저희를 저 돼지들에게 보내어 그 속에 들어가게 해주십시오" 하고 간청하였다. (5:13) 예수께서 허락하시자 더러운 악령들은 그 사람에게서 나와 돼지들 속으로 들어갔다. 그러자 거의 이천 마리나 되는 돼지떼가 바다를 향하여 비탈을 내리달려 물속에 빠져 죽고 말았다.

첫 번째, 왜 저 군대라는 많은 구천을 떠도는 영들이 심판자인 예수께 저 돼지 무리 속으로 들어가게 해달라고 간청하고 있는 이유를 아시겠는가? 돼지라는 은하철도 999를 타고 바다라는 이 세상에 다시 돌아가서 제대로 한 번 살고 싶어서 심판자요, 희망이신 예수께 간청하고 있는 것이다. 예수께서 허락하자 이 영들이 돼지 몸속으로 들어가서 비탈길을 달려 바다에 풍덩 빠져 죽었다고 기록되어 있다. 《누가복음》 15장 탕자의 비유에서 탕자도 먼 나라로 가서 결국에는 돼지들이 사는 움막에서 돼지들이 먹는 쥐엄나무 껍질을 먹고 지냈다는 것과 같은 비유

(metaphor)다.

지리학적으로 갈릴리 호수는 가파른 경사가 없다고 한다. 이것은 저 피안의 세상에 도착한 영들 중에 더 높은 세계로 들어갈 수 없는 깨끗지 못한 영들이, 억울한 영들이, 젊은 영들이 다시 이 세상에 돌아온다는 영혼의 재탄생(rebirth of the soul)을 묘사한 이야기로 이해하는 것이 보다 현명한 것이다. 또 한 가지 주목해야 할 사항은 그 군대라는 영들을 태운 돼지들이 바다에 빠져 죽었다는 것은 다름 아닌 불이라는 영이 세상이라는 물속에 들어가면 죽듯이 군대라는 영들이 돼지라는 몸을 입고 세상이라는 바다에 빠지면 죽는다, 잠들어 버린다는 의미의 다른 표현이다. 본문은 심판자요, 희망이신 예수께서 군대로 상징되는 꽃다운 나이에 생을 일찍 마감한 젊은 영혼들에게 새로운 기회를 준 자비사이지, 그들을 더 험한 곳으로 처넣은 잔혹사가 아니라는 것이다. 오늘 본문을 동물 애호가들이 읽으면 예수를 동물 학대죄로 고발해도 할 말이 없다. 돼지들이 무슨 죄가 있단 말인가!

이제 왜 6세기의 교회가 기독교에서 윤회 사상을 논하는 것을 금지했는지 알만하다. 오직 우리 교회가 세워 놓은 사다리를 타고 올라가야지 저 천국에 올라가서 영생복락을 누리고, 그렇지 않으면 유황불이 타오르는 지옥에서 영원형벌을 받는다는 구조 틀을 만들어 놓고 이제 막 통치를 하려고 하는데, 그래서 교회장사가 되려고 하는데, 윤회 즉, 영혼이 회귀될 수 있다고 가르치고 설교하면 령이 서지 않을 것 아닌가! 그래서 지난 1,500년 동안 이 주제를 금기시킨 것이다. 다르게 해석하면 이단이요, 천기누설 죄로 죽여 버렸다. 그래서 우리가 이런 생각을 해 보지도 못했고 이런 해석을 들어보지도 못했던 것이다. 개신교도 예수천당 불신지옥의 프레임 속에서 똑같은 짓을 반복하고 있다. 여기 1,500년 기독교 역사에서 풀지 못한 수수께끼가 있다. "사는 것이 죽는 것이요, 죽는 것이 사는 것이다. 이것이 무엇이뇨?" 그 대답은 바로 영혼기행, 영혼의 여정이다. 육신의 몸을 입고 이 생을 시작할 때 영은 몸 속에서 잠들어 버리고 물에 빠져 죽는 것이다. 그런데 내 영이 죽어 있다는 것을 깨달을 때, 영은 다시 살아나는 것이다. 그래서 탕자의 비유에서 아버지께서 먼 나라에 가서 고생하고 돌아온 아들을 죽었다가 살아 돌아온 아들로 표현한 것이다.

영어 알파벳에 U 자를 보라. 위에서 내려와서 바닥을 치고 다시 위로 올라간다. V 자도 같은 구조다. 내려와서 올라가야 승리하는 것이다. W를 보라. V 두 개를 붙어 놓고 더블유로 읽는다. 아 세상에 두 번 오면 승리해야 하지 않을까! 두 번 반복해서 실수할 수 없는 노릇이다. 그런데 우리 세상에는 여전히 세상 끝날 때까지 돼지, 돼지, 돼지, 돈 돈 돈만을 목표로 사는 죽은 영들이 많다. 이들을 향하여 예수께서는 이렇게 말씀한다. Sleepers, Awake! 잠들어 있는 영들이여 깨어나라!

11장.

노아의 방주 이야기에 대한 알레고리컬 해석

《창세기》 6장 6-22절

(6:9) 노아의 이야기는 이러하다. 그 당시에 노아만큼 올바르고 흠 없는 사람이 없었다. 그는 하느님을 모시고 사는 사람이었다. (6:10) 노아는 셈과 함과 야벳, 이렇게 세 아들을 두었다.(6:11) 하느님 보시기에 세상은 너무나 썩어 있었다. 그야말로 무법천지가 되어 있었다.(6:12) 하느님 보시기에 세상은 속속들이 썩어, 사람들이 하는 일이 땅 위에 냄새를 피우고 있었다.(6:13) 그래서 하느님께서는 노아에게 이렇게 말씀하셨다. "세상은 이제 막판에 이르렀다. 땅 위는 그야말로 무법천지가 되었다. 그래서 나는 저것들을 땅에서 다 쓸어버리기로 하였다.(6:14) 너는 전나무로 배 한 척을 만들어라. 배 안에 방을 여러 칸 만들고 안과 밖을 역청으로 칠하여라.(6:15) 그 배는 이렇게 만들도록 하여라. 길이는 삼백 자, 나비는 오십 자, 높이는 삼십 자로 하고,(6:16) 또 배에 지붕을 만들어 한 자 치켜올려 덮고 옆에는 출입문을 내고, 상 중 하 삼층으로 만들어라.(6:17) 내가 이제 땅 위에 폭우를 쏟으리라. 홍수를 내어 하늘 아래 숨 쉬는 동물은 다 쓸어버리리라. 땅 위에 사는 것은 하나도 살아남지 못할 것이다.(6:18) 그러나 나는 너와 계약

을 세운다. 너는 네 아들들과 네 아내와 며느리들을 데리고 배에 들어가거라.(6:19) 그리고 목숨이 있는 온갖 동물도 암컷과 수컷으로 한 쌍씩 배에 데리고 들어가 너와 함께 살아남도록 하여라. (6:20) 온갖 새와 온갖 집짐승과 땅 위를 기어 다니는 온갖 길짐승이 두 마리씩 너한테로 올 터이니 그것들을 살려주어라.(6:21) 그리고 너는 먹을 수 있는 온갖 양식을 가져다가 너와 함께 있는 사람과 동물들이 먹도록 저장해 두어라."(6:22) 노아는 모든 일을 하느님께서 분부하신 대로 하였다.

필자는 지난 십수 년 동안 목회현장 속에서 소위 말하는 Jesus Seminar 학자들의 글을 가지고 많은 사투를 벌였다. 그러면서도 한편으로 외람된 표현이지만, '이거 아닌데, 이 친구들 답이 없는 소리를 이렇게 지껄이네'라는 생각이 떠나질 않았다. 세상에서 내로라하는 학자들의 글을 읽고 나면 새로운 것을 알아가는 즐거움에 마음이 흥분되지만, 다른 한편 마음 한구석에 있는 내 영혼이 소생하는 것이 아니라 메말라간다는 것을 감지했다. 그럴 때마다 항상 성서라는 말씀으로 되돌아갔다. 그런데 성서라는 경전을 대할 때마다 참 어렵다는 느낌뿐이다. 어떤 교회에서는 성도들에게 성경을 많이 읽게 만들고 통독하게 만들고 또 어떤 이는 성경 전체를 글로 쓰면서 묵상하는 모습을 종종 목격하는데 그 정성은 가륵하지만, 과연 그렇게 권장할 것은 아니라고 본다. 왜냐면 성서를 읽어보면 도통 모를 소리뿐이기 때문이다. 또 조금만 이성적, 지적 판단 능력을 가지고 읽다 보면 성경책 사실 집어 던져 버리고 싶은 마음이 든다. 세상에 이런 무지막지한 이야기가 어디에 있어…

《구약》의 하나님 그리고 하나님의 백성들이 한 짓을 보면 뭐 이건 깡패 수준이네… 자기가 좋다고 창조해 놓고 맘에 들지 않는다고 《창세기》 6장에 와서 한 가정만 제외하고 물로 싹 쓸어버리고…. 그리고 또 하나님의 이름으로 이스라엘이 치른 전쟁을 보면 나가서 승리하고 나서 상대편 군인들뿐만 아니라, 노약자, 여자, 젖먹이까지 그리고 짐승뿐 아니라 모든 것을 다 죽여 버린 이야기를 접할 때는 도저히 하나님의 말씀으로 받아들이기가 힘들었다. 그럼에도 불구하고 계속 읽어나갔다. 왜? 목사니까. 매 주일 하나님의 말씀을 들고 뭐라고 전해야 하니까!

한국의 신학대학, 그리고 캐나다에서 신학대학원에서 M.Div 신학교목사 과정을 마치고 캐나다 연합교회에서 준하는 모든 과정을 마치고 목사 안수를 받고 뉴펀들랜드 어촌 마을에 가서 목회를 시작했는데, 남들에게 권위를 가지고 보이는 모습과 나 자신이 가지고 있는 신학의 깊이를 살펴보면 어린아이와 같았음을 고백하지 않을 수 없다. 안수를 받고 목회현장에서 그리고 매주 설교를 준비하고 여러 신학자의 글을 통해서 나날이 새로워지고 깊어진 것이지 학교에서 배운 것 가지고는 부족하다고 말할 수 있다. 뉴펀들랜드에서 3년의 목회를 마치고 뉴브런즈윅주에 있는 조그마한 두 개의 마을의 초빙을 받아 10여 년 이분들과 목회를 하면서 이분들의 격려와 사랑 덕분에 신앙과 신학 그리고 성서를 깊이 있게 있는 훈련을 하게 된 것이다. 지금도 뉴브런즈윅주의 하트랜드-잭슨빌 교회 교우들께 감사한 마음뿐이다. 왜냐하면, 그분들이 저에게 영적으로 스트러글할 수 있는 장을 허락해 주었고 또 자라는 모습을 지켜보고 같이 자라 준 교우님들이기 때문이다. 그리고도 물심양면으로 저를 지원하는데 아무런 불평불만이 없었으니까 가능한 일이었다. '성민 당신은 다른 짓 하지 마라', '당신은 성경만 가지고 우리를 바르게 먹여라', '다른 것 우리들이 한다', '당신은 하나님의 말씀만을 대언하라' 사실 이런 교회 교인을 만난다는 것은 목사로서 큰 축복이었다. 필자의 전임 목사도 22년, 그 전임 목사도 9년, 필자도 10년을 있었다는 것은 교회가 목사를 잘 돌보는 교회라는 증거다. 목회자가 자주 바뀌는 교회는 뭔가 문제가 있는 교회임이 틀림없다.

사실 영어를 제2외국어로 사용하는 필자의 입장에서 영어를 모국어로 사용하는 교인들 앞에서 매주 설교한다는 것은 여간 힘든 일이 아니다. 그런데도 주일예배를 마치면 교인들이 필자에게 진심으로 고마움을 표시했다. 제 영어가 고마웠겠는가! 여러분이 만약에 여러분의 담임 목사로 한국말이 어눌한 동남아 사람이나 아프리카 사람이 와서 매주 설교를 한다면 여러분 매주 고마워하겠는가? 그런 사람 담임 목사로 청빙하지 않을 것이다. 그런데 이곳 사람들 저를 자기들의 목사로 자랑스러워하고 고마워했다. 그러면서 하는 말이 "내가 한국 가서 10년 만에 한국말로 설교한다면 너처럼 그렇게 할 수 없을 것이다" 하면서 자기들 기준에서 저를 평가하는 것이 아니라 영어를 second language로 사용하는 사람으로서 필자를 평가했다는 것이다. 사람은 격려하면 더 잘 하려고 노력하는 것이다. 그리고 제 설교에 대해서 코멘트를 하시는데 어떤 분은 자기가 칠십 평생 교회 생활을 했는데 제가 처음으로 하나님의 말씀을 make sense 하게 해 주었다는 감사의 평을 해 주신 분들도 있었다. 그럴수록 필자는 말씀을 탐구하고 답을 찾아 나설 수밖에 없었던 것이다. 그러다가 어느 날, 《고린도전서》 3장 16절에 와서 어떤 깊은 깨달음을 얻었다. "당신 그거 아십니까? 당신이 바로 하나님의 성전이요, 그 안에 하나님의 영이 기거하고 있다는 것을?" 고백하건대 이 말씀이 필자에게 코페르니쿠스적 대 전환을 가져다주었다. 이전까지는 하나님을 밖에서만 찾았다. 그러므로 나라는 존재는 miserable한 존재, 죄인 중의 괴수라는 이런 생각으로 가득했었다. 그런데 내 안에 하나님의 영이 거하고 있다는 것을 발견한 이후 내가 나 자신을 알아가는 것이 하나님을 알아가는 것임을 새롭게 인식하게 된 것이다. 내가 예수처럼 고귀한 하나님의 아들임을 새삼 발견하게 되고 그러므로 나뿐만 아니라 남도 다 그런 존재임을 알아차리게 된 것이다. 이 말씀이 저의 영의 눈을 새롭게 뜨게 만들었고 성경을 다시 읽게 만들고 새롭게 해석하게 했던 것이다. 이 말씀을 가지고 오늘 우리가 잘 아는 노아의 방주 이야기를 풀어가 보고자 한다.

고전 3장 16절을 기억하라. 이 몸이 동물이 아니라 하나님의 성전이다. 그리고 이 몸 안에 하나님의 영이 거하고 있다는 것을 유념하시길 바란다. 첫 번째 질문이다. 만약에 여러분이 이 세상에서 가장 의로운 사람 한 사람을 선택한다면? 누구를 뽑아서 하나님께 추천하시겠는가?

혹 자기 남편을 추천하지는 않으시겠지요?

지금 하나님께서 '하… 이 개떡 같은 세상'이라 하면서 세상을 쓸어버리신다고 그러면서도 한 사람만을 남겨놓고 또 그 사람 때문에 그의 가족만을 제외하고는 모든 살아 숨 쉬는 생명을 전멸을 시켜버리시겠다는 플랜을 가지고 계시다. 자, 그러한 상황을 가정하고 지금 한 사람… 그것도 의로운 사람을 뽑아야 한다면, 누구를 추천하겠는가? 박근혜/최순실을 추천하겠는가? 아니면 트럼프 미 대통령을? 아니면 순복음의 조용기를? 아니면 토론토 한인사회에서 올해의 인물로 뽑힌 사람을 추천하시겠는가? 이런 일이 실제로 벌어진다면 이는 전 세계적인 이벤트가 될 것이다. 그 프로세스는 상상한 것 이상으로 긴 과정을 거쳐야만 결과가 나올 것이다. 가정마다, 교회마다, 마을마다, 교단마다, 한 사람씩 추천해서 올리고 올리고 올리다 보면 한 사람이 뽑힐 수 있을 것이다. 마치 미스 유니버스 선발대회 하는 것처럼…….

여하간 이야기상으로 하나님께서 이 세상을 멸하시기로 결정을 하셨다는 것이다. 그런데 그 이유가 바로 사람들의 생각이 썩어 무법천지가 되었기 때문이란다. 세상이 악해졌다는 것이다. 오늘날에도 그렇지만, 옛날에도 악이 편만했다는 것이다. 특히 폭력이 난무한 세상이란다. 이 말씀을 잘 새겨보시길 바란다. 사람들의 생각이 썩어 무법천지가 된 세상이 세상을 멸하게 한 것인가? 아니면 무법천지의 세상을 보고 하나님이 세상을 멸하게 하신 것인가? 필자는 전자가 맞다고 생각한다. 사람들의 욕심이 세상을 망하게 한 것이지 세상을 아름답게 창조하신 하나님이 아니라는 것이다. 사람들의 무한정한 욕심으로 인해 지금 이 순간에도 온갖 종류의 동식물들이 멸종되고 있지 않은가! 인간의 욕심이, 사람이 이기가, 또 법의 잣대를 힘 있는 자들 마음대로 사용하는 것이 세상을 무법천지로 만드는 것 아니겠는가! 필자는 서구사회의 극심한 개인주의가 세상을 파멸로 이끌고 있다고 본다. 개인주의 즉, 자기 우선주의가 세상을 망하게 하는 암적인 요소라는 것이다. 이것이 우리를 외롭게, 고독하게, 타인에 대해서 무관심하게, 그리고 이기적인 사람으로 만들어 서로 사랑하지 않고도 사는 인간으로 만들고 있다고 본다. 그래서 한번 깨진 관계를 회복 가능하게 만드는 능력을 상실하게 만든다. 하나님까지 들먹일 필요가 없다. 지금 세상은 어떤 정신 나간 놈이 백악관이나 크렘린 궁전에서 버튼 하나만 누르면 끝인 세상이다.

이런 긴박한 상황에서 노아 한 사람만이 선택을 받는다. 그 이유는? 6장 9절에 있다. 우리말 공동 번역에는 이렇게 되어 있다. "그 당시에 노아만큼 올바르고 흠 없는 사람이 없었다. 그는 하느님을 모시고 사는 사람이었다."

영어 성경 NRSV에는 다음과 같이 되어 있다(뉘앙스가 다르다). Noah was a righteous man, blameless in his generation; Noah walked with God. 노아는 당대에 흠 없고 의로운 사람이었고 하나님

과 동행한 사람이었다.

“하나님을 모시고 살았다”는 표현보다는 “하나님과 동행한 사람이다” 라는 표현이 더욱 적절하다고 필자는 생각한다. 크리스마스를 프렌치로 하면 Noel이다. 이는 No 하고 El의 합성어인데 No는 안다(know)라는 의미이고, El은 하나님의 다른 이름이다. 즉, 노엘은 ‘이제 내가 하나님을 안다’라는 뜻이다. 왜? 그리스도께서 이 몸 안에 기거하고 있었는데 이제 그것이 밖으로 드러남/태어났기 때문이다. 그것이 바로 크리스트마스 즉, 크라이스트의 태어남이요, 노엘이다.

노아라는 이름도 그 뜻이 알다라는 know(No)와 하나님의 첫머리를 상징하는 첫 번째 알파벳인 A의 합성어다. 그리고 알파 A라는 상형문자는 하나인 신의 원칙이 하늘과 땅으로 나누어져 서 있는 모습을 하고 있다는 모습을 그린 것이다. 하나에서 둘로 즉, 하늘과 땅으로, 남과 여로, 음과 양으로 나누어지는 세계가 바로 창조 시작의 세계요, 알파의 세계다. 즉, 알파 A는 하늘에서도 통하고 땅에서도 통하는 신의 원칙(divine principle)을 상징하는 것이다. 그래서 노아라는 이름은 ‘나는 하나님을 안다’라는 뜻이 된다. 다시 말하면, 노아는 ‘하나님의 원칙 안에서 산 사람이다’라는 뜻이다. 그러니 이는 흠 없고 의롭고 하나님과 동행한 삶을 산 사람이란 뜻과 상통한 것이다.

하나님과 동행하는 삶을 산다는 것이 어떻게 사는 것을 의미하는가?

미가서 6장 8절 말씀이다. O mortal, what is good; and what does the LORD require of you but to do justice, and to love kindness, and to walk humbly with your God? 선이란 무엇인가? 주께서 요구하시는 것이 무엇인가? 정의를 행하고, 한결같은 사랑을 행하고, 겸손히 하나님과 동행 하는 것 말고 또 뭐가 있겠는가?

여기서 한 가지 주목할 것은 Walk humbly with your God이다. 남의 하나님, 교회가 정해놓은 하나님이 아닌 우리 각자가 모시고 있는 당신의 하나님과 함께 겸손히 걸어가야 한다는 것이다.

우리가 각각 경험하는 하나님이 다 다르므로 서로서로 겸손해야 한다. 그렇지 않으면 내 하나님만이 진짜라는 망발을 서슴없이 하고 자신들의 것만이 진리라고 우기면서 쓰는 폭력을 정당화하는 경향이 있다. 자기가 경험한 한정된 하나님과 다른 사람들이 경험하고 그것은 공동체의 이름으로 고백하는 하나님과 동일시하지 말자. 동일시한다는 것은 하나님을 자기의 굴레 속으로 규정하는(define) 행위요, 그렇게 되면 자기가 하나님 위에 쉽게 군림하게 된다. 세상에 이처럼 무지한 죄악은 없다. 그래서 당신의 하나님과 겸손히 동행하라고 미가 선지자가 조언하는 것이다. 자, 하나님께서 이 세상을 멸하시기 전에 한 사람 뽑는다. 그 기준이 무엇인가? to do justice, and to love kindness, and to walk humbly with your God이다.

'아, 이거 참 어렵네! 나는 애초에 글렀어!' 하고 포기하지 말자. 하나님의 원칙인 예수 그리스도를 깨우면 되기 때문이다. 하나님의 영이 이 몸인 성전 안에 거하고 있다고 하지 않는가? 그것을 깨우기만 하면 우리도 노아처럼 하나님의 원칙을 알게 되고 의롭고, 흠 없고, 하나님과 동행하는 삶을 살아낼 수 있는 것이다. 오늘 이것 하나만은 분명히 catch하시길 바란다. 노아란 하나님의 원칙을 대변하는 사람이다. 특히 내 안에 내재한 하나님의 원칙을 의미한다. 이 세상을 살아갈 때 꼭 필요한 삶의 좌표다. 그 원칙이 있어야 내가 정의를 행하고, 사랑을 실천하며 내 하나님과 동행하는 겸손한 삶을 산다는 것이다.

자, 이제 하나님께서 하나님의 원칙인 노아를 살리는 방법을 살펴보자. 하나님께서 먼저 노아에게 명령하신다. 큰 방주/보트(Ark) 하나를 만들라고 하신다. 이제 항해라고 하는 인생 여정이 시작될 터인데 항해하려면 방주가 있어야 하는 것이다. 이는 우리가 태어나서 인생 여정을 하는데 필요한 몸이라고 할 수 있다. 태어났다는 말은 바다에 풍덩 빠졌다는 말이다. 말의 어원을 공부해 보면 알 수 있다. 지난 장(10장)에서도 언급했듯이 우리말에 '수영하다(영어로 To Swim)'라는 말과 '태어나다(영어로 To be born)'라는 말의 어원이 모두 라틴어 동사 Nare에서 나온다는 것이다. 그래서 Nare라는 라틴어 동사가 To be born으로 사용되어서 파생되어 나온 영어 단어들을 보면 native(태어난, 태어난 곳의), natal(출생의), 또 그것이 탯줄하고 연관이 있어서 navel(배꼽)이라는 파생어가 나오고, 이는 nativity(출생), nature, natural(자연)이라는 파생어와 연관된다. 그리고 nation(국가, 나라)은 national(국가의), nationality(국가의)가 파생되고, 또 name(이름)과 태어난 본바탕을 말하는 innate(타고난)가 파생된다. 그런데 Nare라는 라틴어 동사가 to Swim(수영하다)의 의미로 사용되어서 나오는 영어 단어를 살펴보면 무엇보다도 naval(해군의), navy(해군)가 나오고 해군이면 항해를 해야 하니 navigate(항해)라는 단어가 파생되어 나온다. 또 natation(수영기법)과 바다에 빠져 죽지 않으려면 물에 최소한 둥둥 떠 있어야 한다는 의미의 natant(floating, 물에 뜨는)가 파생되어 나온 것이다.

이런 것을 보면 우리가 지금 일상적으로 사용하는 말들이 그냥 만들어진 말이 아니라는 것을 알 수 있다. 그 안에는 모두 심오한 철학이 담겨 있다는 것이다. 즉, 태어난다는 것을 인생이라는 바다를 헤엄쳐야 한다는 것이다. 참 애쓰고 바둥거리고 사지를 움직이고 머리 싸매고 살아야지 그래야 겨우 물 밖으로 머리하나 삐쭉 내밀고 살 수 있는 것이 인생사다. 그러니 인생을 불교에서는 고해라고 표현한 것이고 유교에서는 인생을 어지러운 난이라고 한 것이고 우리 기독교에서는 죄 많은 세상이라고 하는 것 아니겠는가? 이 또한 살아보니, 되돌아보고 나서 그런 말을 할 수 있는 것이지 교리적으로 이제 갓 태어난 아이를 보고 죄인이다, 원죄다 하는 종교, 그것을 또 무비판적으로 믿는 종교는 참 비참한 종교라 하겠다.

어떻게 이 세상을 헤쳐나가야 하나? 정처 없이 이 고통의 망망대해

헤엄쳐 간다는 것은 너무도 힘들고 끔찍한 일이지 않겠는가? 모두 중간쯤 가다 지쳐서 빠져 죽을 것이다. 그러므로 인생을 살아가는 데 배가 필요한 것이다. 교회를 뭐라고 표현하는가? 방주 특히 구원의 방주라고 하지 않는가? 물에 빠진 사람들 건지기 위해서 교회가 존재하는 것이다. 저 잘났다고 혼자 수영하다 지친 사람들, 발에 쥐가 나서 옴짝달싹할 수 없는 사람들, 건져 올리는 사명을 감당하는 것이 교회다.

예수께서는 제자들과 보트 여행을 참 많이 하신 것 같다. 그런데 흥미로운 점은 예수께서는 이상한 습관이 있으시다. 배에 오르자마자 후미에 가서 주무신다. 그러다가 큰 풍랑을 만난 제자들이 급히 주무시는 예수님을 깨운다. 깨어난 예수께서는 말씀으로 풍랑을 잠잠케 하신다. 이것을 그냥 문자적으로 믿으시고 아멘 하시는가? 그러면 그런 말씀은 내 삶과 아무런 상관이 없는 한 옛날이야기일 뿐이다. 예수는 나라는 이 배 속 깊은 곳에 잠들어 계신 하나님의 원칙, 이렇게 받아들이자. 이 원칙을 깨워서 가면 험한 파도를 잠잠케 하고 항해해 나갈 수 있다는 것이다.

다시 《고린도전서》 3장 16절이다.

"당신 그거 아십니까? 당신이 바로 하나님의 성전이요, 그 안에 하나님의 영이 기거하고 있다는 것을? 하나님의 영이, 하나님의 원칙이, 노아, 예수 그리스도께서 이 몸인 거룩한 성전 안에 거하고 계시다. 각자 스스로 살펴보시라. 하나님의 원칙인 노아/예수께서 당신이라는 배 안 후미진 곳에서 잠들어 계신가? 아니면 깨어 계신가를…"

12장.
탕자 이야기에 대한 알레고리컬 해석

《누가복음》 15장 11–32

(15:11) 또 이르시되 어떤 사람에게 두 아들이 있는데 (15:12) 그 둘째 가 아버지에게 말하되 아버지여 재산 중에서 내게 돌아올 분깃을 내게 주소서 하는지라 아버지가 그 살림을 각각 나눠 주었더니(15:13) 그 후 며칠이 안 되어 둘째 아들이 재물을 다 모아 가지고 먼 나라에 가 거기서 허랑방탕하여 그 재산을 낭비하더니(15:14) 다 없앤 후 그 나라에 크게 흉년이 들어 그가 비로소 궁핍한지라(15:15) 가서 그 나라 백성 중 한 사람에게 붙여 사니 그가 그를 들로 보내어 돼지를 치게 하였는데(15:16) 그가 돼지 먹는 쥐엄 열매로 배를 채우고자 하되 주는 자가 없는지라(15:17) 이에 스스로 돌이켜 이르되 내 아버지에게는 양식이 풍족한 품꾼이 얼마나 많은가 나는 여기서 주려 죽는구나(15:18) 내가 일어나 아버지께 가서 이르기를 아버지 내가 하늘과 아버지께 죄를 지었사오니(15:19) 지금부터는 아버지의 아들이라 일컬음을 감당하지 못하겠나이다 나를 품꾼의 하나로 보소서 하리라 하고(15:20) 이에 일어나서 아버지께로 돌아가니라 아직도 거리가 먼데 아버지가 그를 보고 측은히 여겨 달려가 목을 안고 입을 맞추니(15:21) 아들이

이르되 아버지 내가 하늘과 아버지께 죄를 지었사오니 지금부터는 아버지의 아들이라 일컬음을 감당하지 못하겠나이다 하나(15:22) 아버지는 종들에게 이르되 제일 좋은 옷을 내어다가 입히고 손에 가락지를 끼우고 발에 신을 신기라(15:23) 그리고 살진 송아지를 끌어다가 잡으라 우리가 먹고 즐기자(15:24) 이 내 아들은 죽었다가 다시 살아났으며 내가 잃었다가 다시 얻었노라 하니 그들이 즐거워하더라(15:25) 맏아들은 밭에 있다가 돌아와 집에 가까이 왔을 때에 풍악과 춤추는 소리를 듣고(15:26) 한 종을 불러 이 무슨 일인가 물은대(15:27) 대답하되 당신의 동생이 돌아왔으매 당신의 아버지가 건강한 그를 다시 맞아들이게 됨으로 인하여 살진 송아지를 잡았나이다 하니(15:28) 그가 노하여 들어가고자 하지 아니하거늘 아버지가 나와서 권한대(15:29) 아버지께 대답하여 이르되 내가 여러 해 아버지를 섬겨 명을 어김이 없거늘 내게는 염소 새끼라도 주어 나와 내 벗으로 즐기게 하신 일이 없더니(15:30) 아버지의 살림을 창녀들과 함께 삼켜 버린 이 아들이 돌아오매 이를 위하여 살진 송아지를 잡으셨나이다(15:31) 아버지가 이르되 얘 너는 항상 나와 함께 있으니 내 것이 다 네 것이로되(15:32) 이 네 동생은 죽었다가 살아났으며 내가 잃었다가 얻었기로 우리가 즐거워하고 기뻐하는 것이 마땅하다 하니라

기독교 신앙인이라면 탕자의 비유를 수십 번 설교를 통해서 들었을 것이다. 필자는 이 글에서 알레고리컬한 방법이라는 전혀 다른 각도로 해석해 보고자 한다. 그런 시각으로 이 비유를 읽으면 탕자의 이야기는 인생이라는 여정은 하늘로부터 와서 이 세상을 살다가 다시 원래의 위치로 돌아간다는 것을 상징적으로 가장 잘 드러낸 예수의 이야기 중의

하나라는 결론에 이른다.

탕자의 비유는 인간이 가지고 있는 영적/신적 의식은 하늘로부터 온 것이고 또 궁극적으로는 다시 하늘 아버지께서 돌아간다는 것을 암호화해서 그려놓은 것이다. 왜 이렇게 인생 여정을 그리고 그 속에 나타난 하나님의 무조건적인 사랑을 이처럼 암호로, 비유로, 풍유로 나타내야만 했을까? 처음부터 이 인생 여정의 비밀을 풀어서 사람들에게 주면 안 된단 말인가! 이에 대한 대답은 '안 된다'이다. 그렇지 않아도 동물의 몸을 입고 태어나서 타락할 가능성이 상존한 신의 형상으로 만들어진 인간들에게 하늘 아버지는 자신의 자식들이 허랑방탕한 생활을 해도 무조건적으로 다시 그 아들 됨을 회복시켜 주신다는 이 비밀의 말씀이 인간을 더 타락하게 만들 수 있기에 옛 지혜자(wisdom writer)들은 하늘의 비밀을 말할 때는 반드시 이처럼 암호화해서 그 본질적인 메시지를 비유 속에 숨겨 놓았던 것이다. 그래서 눈 있는 자만이 볼 수 있고, 귀 있는 자만이 들을 수 있고, 찾는 자만이 찾을 수 있게 만들어 놓았다. 그런 차원에서 성서는 인류 문명에 대한 지혜의 보고, 보물 창고다. 그러나 보물 창고는 열쇠가 있어야 열 수 있다. 열려라 참깨와 같은 우리에게 아주 친숙한 비밀번호(password)를 알아야 열 수 있다는 것이다. 암호는 해독능력이 있어야만 풀 수 있다. 해독능력이 없으면 문자적으로 믿을 수밖에 다른 도리가 없다.

오늘은 보물 상자를 여는 암호를 푸는 방법 하나(열쇠)를 여러분께 제시하고자 한다. 먼저 자신을 이 이야기의 메인 character 중의 하나인 작은아들로 대입시켜 보라. 그러고 나서 이 질문에 대답해 보라. 내가 이 세상에 태어나기 전에는 어디에 있었을까? 일반적으로 우리는 인생은 태어남으로 시작하고 죽음으로 끝나는 것이라고 생각한다. 그러하기에 21세기라는 최첨단 과학 문명의 시대임에도 불구하고 대부분의 사람은 죽음 이후의 삶에 대해서 고민하고 그 답을 찾고자 전통 종교나 아니면 과학이라는 이름의 종교에 의존한다. 우리 기독교 신앙은 죽음과 그 이후에 삶에 대해서 긍정한다. 사도신경에도 "…몸이 다시 사는 것과 영원히 사는 것을 믿는다"라고 고백하고 있으며 캐나다 연합교회 새 신조에서도 "삶과 죽음 그리고 죽음 너머의 삶에서도 하나님은 우리와 함께하심"을 고백한다. 그런데 우리가 죽음 이후의 삶을 바르게 이해하려면 태어나기 전의 삶을 말해야만 한다고 본다. 태어나기 이전의 삶을 말하지 않는 종교가 죽음 이후의 삶을 말한다는 것은 어불성설이다.

기록에 의하면 기독교도 6세기 이전에는 환생(reincarnation/윤회)을 논의했다고 한다. 그러나 서양에서 기독교가 절대적 권위를 이 땅에서 행사하기 위해서 윤회를 말하는 것을 금기시켜 버렸다. 그 후로 교회는 윤회를 논하거나 설교할 수 없었다. 왜? 윤회를 말한 즉시 예수천당 불신지옥의 구조 틀(framework)이 깨져버리기 때문이다. 교회(교권주의자들)가 교리화, 절대화해 놓은 것을 믿으면 영생복락을 그렇지 않으면 영원 형벌의 지옥 불 속에서 거하도록 그렇게 프레임(frame)을 짜 놓았는데 이 땅에 다시 환생해서 새로운 기회가 주어진다면 자기들의 가르침이 민중에게 더 이상 씨가 먹혀들지 않을 것 아닌가! 아예 논하는 것 자체를 이단시한 것이다. 이제, 그 금기(taboo)를 깨어 버리자. 그래서 진리를 깨닫고 참 자유를 맛보자.

내가 태어나기 전에는 어디에 있었을까? 그 답이 탕자의 비유 첫 부분에 나온다. 비유에 나오는 작은아들처럼 우리도 하늘 아버지 집에서 하나님과 같이 있었던 것이다. 그리고 작은아들처럼 아버지께 자기의 몫을 달라고 요구했고 그 몫인 달란트를 가지고 먼 나라인 이 땅으로 여정을 떠난 것이다. 우리는 각자의 달란트를 가지고 태어났다. 이 세상에 와서 학교에 다닌다는 것은 그 달란트가 무엇인가를 발견하고 개발시키는 과정이라고 생각한다.

고대 신화를 보면 하늘나라에서 이 땅으로 내려가는 임무를 담당하는 자는 언제나 둘째 아들이다. 첫째는 하늘나라 아버지 집을 떠날 필요가 없다. 한국의 삼국유사를 보면 고조선의 창시자 단군의 아버지인 환웅은 하늘 아버지인 환인의 서자로 묘사되고 있다. 여기서 서자는 둘째 혹은 그 아래 동생을 말한다. 환웅, 둘째 아들이 널리 인간을 이롭게 하라는 신적 의식, 홍익인간의 정신을 가지고 이 땅에 왔다. 그런 점에서 이 세상에 한국 사람으로 태어난 우리는 모두 다 단군의 자손, 둘째 아들, 하늘나라의 서자들인 것이다.

우리가 잘 아는 야곱의 이야기를 보면 이삭의 아들 중에서 첫째 형, 에서는 아버지의 집에 머물고 둘째인 야곱이 집을 떠나 먼 여행을 한다. 장자권이 둘째에게 넘어갔어도 첫째 아들은 아버지 집에 머물면서 그 특권을 누리는 것이다.

하나님의 아들 예수도 널리 인간을 이롭게 하려고 이 땅에 오셨다. 그리고 그의 제자들에게 다름과 같이 기도하고 살라고 가르쳤다. "your kingdom come, your will be done on earth as it is in heaven(당신의 나라가 이 땅에 임하게 하시고 당신의 뜻이 하늘에서 이루어진 것처럼 이 땅에서 이루어지이다)." 홍익인간의 사상과 주기도문의 이 부분이 같다. 자, 이제 하늘나라는 염려하지 말자. 왜? 하늘나라는 정의와 공의와 사랑과 평화의 하나님이 직접 통치하는 나라이기 때문이다. 그것이 하늘나라다. 장소적 개념보다는 그런 통치가 이루어진 나라를 하늘나라라고 부른다. 문제는 언제나 이 땅이다. 부시나 MB 같은 부류들, 트럼프나 박근혜류와 같은 동물의 파워가 최상층부에 위치하면서 지배하는 이 세상이 언제나 문제다. 미 대통령이었던 부시는 자신을 born again Christian이라고 소개하고 보수 기독교의 세력의 힘을 입어 백악관에 입성했다. MB는 소망교회 장로로서 서울시를 하나님께 봉헌하겠다, 부자 시켜 주겠다, 대학 등록금 반값으로 만들겠다고 해서 표를 얻어 청와대에 입성했다. 그러나 이 둘의 공통점은 국가 권력을 이용해서 사익을 추구한 집단이라는 것이다. 그들의 시대가 지나면 좀 더 나은 세상이 도래하리라 기대했었는데 미국은 오바마의 그럴듯한 시대가 마무리되자마자 트럼프의 시대가 도래했고, 한국은 전대미문의 박근혜-최순실 국정농단 세력의 등장으로 국가라는 기능의 존립 자체가 위협을 받고 있는 지경이 이르렀다. 동물의 세계, 정글의 법칙이 지배하는 인간 세상에 하나님의 나라, 하나님의 뜻, 하나님의 공의를 세우자는 것이 신의 아들, 둘째 아들들, 단군의 후손, 예수의 제자들이 이 땅에서 해야 할 사명이다. 그래서 먼 나라인 이 땅에 왔다. 촛불을 든 민중, 역사에서 언제나 서자 취급받는 자들이 광화문에 모여서 둘째 아들의 역할을 수행하고 있는 것이다.

영어 성경에는 "a far country" 혹은 "distant land"라고 쓰여 있는데 이는 다름 아닌 우리가 지금 살고 있는 이 아름다운 지구라는 행성을 의미한다. 그런데 신적 의식/영이 이 땅에 오기 위해서는 동물의 몸을 입어야 한다. 그것이 바로 Incarnation이다. 탕자의 비유에서는 동물의 몸을 입은 인간을 돼지 같다고 비유하는 것이다. 이 비유에서 돼지가 먹는 쥐엄 열매의 껍질을 둘째 아들이 먹었다는 비유적 표현은, 동물의 몸을 입고 있는 신적 의식을 가지고 태어난 우리 인간들이 돼지들이 먹는 것과 같은 찌꺼기, 겉껍질, 하찮은 것에 목숨을 걸고 살고 있다는 것의 다른 표현이다. 우리도 매일 무엇을 먹을까, 무엇을 마실까, 무엇을 입을까의 문제로 또 무언가 항상 부족해서 배고파하는 그런 삶을 살고 있지 않은가! 아버지께 물려받는 몫, 달란트를 그러한 겉껍질을 위해서 다

허비하고 만다. 바로 그것이 허랑방탕한 생활(dissolute living)이다. 그러다 인생이 참 쉽지 않다는 것을 경험하기도 하고 IMF와 같은 큰 파고 앞에 인생의 밑바닥을 경험하기도 한다. 한편, 물질적으로 부자일지라도 정신적 허무함, 그리고 영적 피폐함을 느끼기도 한다. 이렇게 밑바닥을 헤맬 때, 인간은 자기도 모르게 신을 찾고, 본향을 그리워한다. 그리고 '내가 누구인가? 내가 어디서 와서 어디로 가는가? 신이 있단 말인가? 있다면 나 같은 존재도 사랑하실까?'와 같은 근본 문제에 봉착하게 된다.

이 본향에 대한 가물가물한 기억을 플라톤은 회상의 가르침(doctrine of reminiscence)이라고 했다. 플라톤은 영이 몸에 심어지기 전에 어떤 형상 안에 거하고 있었고 그리고 거기에 대한 완전한 지식을 가지고 있었다고 본다. 그래서 우리는 이 세상에 그 지식을 정말로 알고 있는가를 알아보기 위해서 태어났고 철학적 훈련을 통해 그 진리를 재발견할 수 있다고 플라톤은 믿었다.

우리가 태어나기 전, 우리는 둘째 아들이 아버지 집에 있었듯이 우리도 하나님과 함께 있었다. 그런데 우리 영이 incarnation 몸을 입게 되었을 때 그만 우리는 그 하늘나라의 기억을 망각하고 만 것이다. 단지 희미한 기억으로만 남아 있을 뿐이다. 그러다 어느 순간, 신을 찾고 근본 질문을 하기 시작한다. 전에 살던 아버지의 나라를 회상하기에 이른다. 인생의 전환점에 이른 것이다. 바닥을 쳤는데 U턴 말고 다른 방법이 있겠는가! 아버지께로 돌아갈 수밖에. 정통신학에서는 이를 회심이라고 말한다. "아, 내가 이생에 와서 이런 못난 삶을 살다니… 난 이제 아들의 자격이 없어, 나를 아버지 집에 일하는 종으로 일할 수 있도록 부탁해 보자(사실, 종이면 하늘나라에서는 천사급인데…)." 그리고 비유의 탕자처럼 본향을 향하여 발길을 옮긴다. 그럴 때 대부분 우리는 풀이 죽어서, 죄인처럼, 죽음에 대해 두려움을 품고, 아니면 혹시 지옥 심판이 기다리겠거니 하는 심정으로 그 길을 재촉한다.

한편, 하늘 아버지는 무척 애타게 멀리 떠나보낸 아들을 기다리고 계신다. 우리의 예상과는 전혀 다른 하늘 아버지의 모습이다. 하늘 아들인 예수는 우리에게 이런 하나님을 알려 주었는데, 교회는 왜 무시무시한 하나님의 이미지를 우리에게 고착시켰을까! 아버지는 아들이 멀리서 나타나자 금방 알아보고서 달려가 껴안고 키스를 하면서 맞아 주신다. 너무도 예상치 못한 환대에 아들은 할 말을 잃는다. 인생의 패배자인데, "차라리 벌을 내리시지 웬 환대… 난 자격 없어…"라고 해도 하늘 아버지 그런 것 개의치 않는다. 그리고 하인들에게 명하신다. "새 옷을 준비해서 입혀라! 반지를 끼워 주어라. 신발을 신겨 주어라. 잔치를 벌이자." 단어 하나하나마다 상징과 은유(metaphor)가 숨어 있다. 새 옷(new garment)은 영적인 몸(spiritual body)를 의미하고 반지(ring)는 circle, 생의 영속성, 영생, symbol of eternity를 말하며 신발을 다시 신었다는 것은 하나님의 아들 됨, 자유를 다시 회복했다는 의미다. 고대 근동에서 노예는 신발을 신을 자격이 없었다. 그리고 잔치(feast)를 벌인다. 우리도 일주일에 한 번 교회에 나와 한 하나님을 예배하면서 그 아들, 딸 됨을 다시 회복하고 우리가 서로 형제자매임을 다시 확인하고 화해한다. 이러한 친교의 떡을 떼는 이 모든 행위는 바로 feast, 천국 잔치의 한 모델인 것이다.

오늘 비유에서 예수에 의해 소개된 하늘 아버지는 아무 조건 없이 돌아온 아들을 받아 주신다. 종교가 가르친 무섭고 벌주는 신의 이미지와 예수를 통해 우리에게 비친 하늘 아버지는 분명히 다르다. 예수를 깬 사람임이 틀림없다. 깬 사람은 자신을 믿음의 대상으로 치켜세우지 않는다. 그 밑에 깨지 못한 똘마니들이 서로 일등 제자라고 우기고 자기의 스승을 믿음의 대상으로 올려놓는다. 그러나 그렇게 만들어진 신앙의 대상으로서의 예수는 우상이다(이 부분에 대한 보충 설명은, 길희성 교수의 글, 〈하느님은 기독교 신자도, 불교 신자도 아니다〉라는 글을 읽으시길 바란다).

바리새인과 서기관처럼, 성경을 좀 공부했다는 사람들은, 또 오늘날, 하나님을 알고 열심히 믿는다는 사람들은 큰 형처럼 험한 세상에 나가 고생하고 돌아온 동생을 비난하고 아버지께서 마련한 작은아들 생환 잔치에 동참하는 것을 거절한다. 그러나 아버지는 큰아들에게 작은아들의 귀환을 기뻐하고 축하하는 것이 마땅하다고 강조하신다. 그리고 이렇게 말씀하였다. "죽었던 너의 동생이 살아 돌아오지 않았니(because this brother of yours was dead and has come to life)." 여기 아버지께서 '죽었던 내 아들이라고 말하지 않고 죽었던 너의 동생'이 라고 표현하고 있다. 이 땅이든 하늘나라든지 관계는 중요한 것 같다. 오늘 본문의 24절과 그리고 마지막 절 32절을 주목하라. 두 번에 걸쳐서 "죽었던 아들이, 죽었던 동생이 살아 돌아왔다"고 기술하고 있다. 그런데 오늘 이야기 어디에도 둘째 아들이 죽었다는 기사는 없다. 그는 단지 자기 몫을 챙겨 아버지 집을 떠나 먼 나라로 가서 그것 다 소진하고 다시 아버지 집으로 돌아온 것뿐이다. 그런데 아버지께서는 이 사건/여정을 아들이 죽었다가 살아 돌아온 것으로 표현한 것이다. 이 비유에서 죽었다는 말은 어떤 뜻인가? 육체적인 죽음을 말하는 것인가? 아니다. 이 탕자의 비유에서 말하는 죽음이란 하늘 아버지 품을 떠나서 먼 타국 땅인 이 세상에 와서 사는 것을 의미한다. 그리고 하늘 아버지께로 돌아가는 것이 바로 새 생명/새 삶을 얻는 것이다. 만약 인생이라는 나그네의 삶 자체가 죽음이라는 의미로 이해되지 않는다면 이 비유 속에 아버지의 죽음에 대한 표현을 이해할 방법이 없다.

성경에서 '죽었다, 죽은 자, 죽음(to die, the dead, and death)'이라는 말은 전생에 하늘나라에 있던 영혼/신적 의식이 아버지 품을 떠나 이생에 와서 육신을 입고 살고 있는 것(상태)을 의미한다. 죽음이란 흔히들 인생의 마지막에 영과 육이 분리돼서 영은 하늘로 육은 땅으로 분리되는 때를 말하는 것이라고 이해한다. 그러나 성서에서 말하는 죽음이란, 육신의 몸을 입고 이 땅에 살면서 아버지(신령)를 철저히 망각하고 살고 있는 삶을 의미한다. '바다를 잠잠케 하시는 예수 이야기'에서 예수, 하늘의 영, 신적 의식이 배를 타자마자 잠들어 버린 상태 바로 그것을 죽음으로 이해해야 한다. 이 죽음에 대한 새로운 이해를 성서의 다른 부분으로 확대하면 성서의 풀리지 않는 많은 미스터리를 해독할 수 있다. 성서라는 보물 상자를 여는 비밀번호, 열려라 참깨는 바로 죽음에 대한 새로운 이해인 것이다. 《로마서》 8장 5절부터 14절까지 읽으시기 바란다. 특히 5절, 6절, 9절, 14절을 주목하라. 사도 바울은 분명히 죽음을 필자가 지금 이해하는 것처럼 말하고 있다. 8장 6절에 육적인 것에 마음을 두는 것이 죽음이라고 정의한다. 몸을 입고 살고 있으면 당연히 육적인 것에 맘이 가는 것이다. 그런데 그것만을 추구하는 삶이 죽음인 것이다. 즉, 둘째 아들로 이 세상인 먼 나라에 와서 자기가 가지고 있는 달란트를 가지고 돼지가 먹는 쥐엄나무 겉껍질만을 먹고 살다가는 삶이 죽음이요, 그렇지 않고 영적인 것, 단군의 후손으로서 홍익인간사상을 구현하는 것, 하나님의 뜻, 하늘나라를 이 땅 위에 세우는 것에 마음을 두고 실천하고 사는 것이 영생이요, 평화라고 말하고 있다.

《로마서》 8장 5, 6, 9, 14절을 영어 성경으로 읽어 보자.

《Romans》 8:5 For those who live according to the flesh set their minds on the things of the flesh,

but those who live according to the Spirit set their minds on the things of the Spirit.

6 To set the mind on the flesh is death, but to set the mind on the Spirit is life and peace.

9 But you are not in the flesh; you are in the Spirit, since the Spirit of God dwells in you.

Anyone who does not have the Spirit of Christ does not belong to him.

14 For all who are led by the Spirit of God are children of God.

13장.

핼러윈 마스크에 숨겨진 잊혀진 이야기와 《창세기》의 옷의 의미는?

《Genesis》 3:21

And the LORD God made garments of skins for the man and for his wife, and clothed them. 22 Then the LORD God said, "See, the man has become like one of us, knowing good and evil; and now, he might reach out his hand and take also from the tree of life, and eat, and live forever"–23 therefore the LORD God sent him forth from the garden of Eden, to till the ground from which he was taken. 24 He drove out the man; and at the east of the garden of Eden he placed the cherubim, and a sword flaming and turning to guard the way to the tree of life.

《창세기》 3:21–24

(3:21) 야훼 하느님께서는 가죽옷을 만들어 아담과 그의 아내에게 입혀주셨다. (3:22) 야훼 하느님께서는 '이제 이 사람이 우리들처럼 선과 악을 알

게 되었으니, 손을 내밀어 생명나무 열매까지 따먹고 끝없이 살게 되어서는 안 되겠다'고 생각하시고 (3:23) 에덴 동산에서 내쫓으셨다. 그리고 땅에서 나왔으므로 땅을 갈아 농사를 짓게 하셨다. (3:24) 이렇게 아담을 쫓아내신 다음 하느님은 동쪽에 그룹들을 세우시고 돌아가는 불칼을 장치하여 생명나무에 이르는 길목을 지키게 하셨다.

필자가 25여 년 전 캐나다에 처음 왔을 때 모든 것이 새로웠다. 특히 계절마다 지켜지는 행사와 축제가 이채로웠다. 같은 기독교인으로서 크리스마스나, 추수감사절, 부활절을 같이 즐기고 지키는 데는 아무 문제가 없었다. 밸런타인데이 그리고 아이리시(Irish)의 축제 중의 하나인 Saint Patrick's Day 또한 문제가 없었다. 그런데 핼러윈만큼은 이교도적이고, 또 그 기괴한 복장과 마스크를 하고 가가호호를 방문하면서 사탕을 사냥하는 아이들의 행동을 순수하게 받아들이는 데는 상당한 시간이 요구되었다. 또 제가 살았던 마리타임(Maritime)의 지역의 보수적인 기독교 부모들은 자기의 아이들이 밤거리를 이상한 복장을 하고 돌아다니는 것을 자신들의 신앙에 기초하여 허락하지 않는 경우도 보았다.

나는 내 딸이 '캔디 헌팅' 하는 것을 허락했었다. 왜냐면 이것은 그냥 아이들을 위한 a fun night이라 생각하기 때문이다. 한 가지 걱정되는 것은 일 년 치 사탕을 모아서 하룻밤에 다 먹어 치우면 어떻게 하나? 하는 정도였다.

그러는 한편, 핼러윈의 진짜 의미가 무엇일까 궁금해지기 시작했다.

'캔디 헌팅'이 주목적이 아닐 것이다. 단순히 이상한 복장을 하고 하루 즐기는 날은 아닐 것이다. 어떻게 이처럼 이교도적인 전통이 서양 기독교사회에서 생존할 수 있었지? 이 모든 그로테스크한 핼러윈 복장과 가면 뒤편에는 반드시 어떤 숨겨진 의도가 있을 것이라는 생각이 들었다.

다른 한편, 현대를 사는 우리들은 그런 것에 관심을 둘 시간적 공간적 여유 없이 일상생활을 이어간다. 핼러윈 나이트가 끝나자마자 사회 분위기는 크리스마스 무드로 하루아침에 바뀐다. 핼러윈에 연관된 모든 상품은 하룻밤 사이에 쇼윈도의 진열장에서 사라지고 크리스마스 품목들이 그 자리를 대체한다. 이런 상황에서 핼러윈에 대한 어떤 숨겨진 의미를 찾는다는 것은 지적 유희인가! 이 바쁜 세상에….

현대인들은 어떤 문제의 본질, 핵, 참 의미를 찾기보다는 겉껍질에 더 많은 관심을 표명하고 있다. 필자는 지난 25여 년 서양의 기독교, 서양의 역사, 그리고 그들과 더불어 살면서 이 사람들이 만들어 놓은 기독교라는 종교 그리고 그것에 기반을 둔 삶에 무언가 빠져 있는 것이 있다는 것을 인식하게 되었다. 이 사람들의 겉모습, 겉모양은 생긴 것처럼, 보이는 것처럼 그럴듯하다. 대부분의 보통 사람이 할리우드 뺨치는 미모와 핸섬함을 지니고 있고, 집 안과 밖을 가꾸고 사는 모습이 참 여유 있어 보이고 좋아 보인다. 분명히 이분들한테 배울 것이 있다. 그런데 이분들의 삶을 한 꺼풀 베껴놓고 보면 그 삶이 건조하고, 그 영혼이 상당히 메말라 있다는 것을 느낀다. 심지어는 서로 간의 인간관계가 참 nasty 하다라는 것을 목회하면서 자주 경험한다(물론 이것은 필자의 짧은 경험에 근거한 분석이기에 전부 옳다고 말할 수는 없다).

기독교 국가라는데 왜 이렇게 삶이 무미건조하단 말인가? 인간관계도 왜 이렇게 맛이 없단 말인가? 교회 예배도 왜 이렇게 생동감이 상실되었단 말인가? 이러한 질문에 대한 필자가 찾은 답은 다음과 같다. 서양 역사에서 5세기 이후에 교회에 의해서 한번 이교도(heretical)–이단으로 간주되어진 것은 무엇이든지(문화이든, 종교이든, 철학이든, 과학이든, 역사든, 전통이든 간에) 제거되고, 그 뿌리까지 뽑혀 버렸다는 것이다. 그렇지 않으면 왜곡시켜져 왔다는 것이다. 다시 말하면, 기독교가 로마 제국의 국교가 되고 나서 이러한 몰지각하고 몰상식한 일들이 전 유럽에 걸쳐서 몇 세기 동안 행해져 왔다는 것이다. 필자의 견해로는 서양 사회는 여전히 중세 천년의 암흑시대의 후유증(aftermath)에 시달리고 있다고 본다.

얼마 전에 우리 집 식탁에서 있었던 일이다. 그날 저녁 메뉴는 콩나물국이었다. 콩나물국에 굵은 멸치가 서너 개씩 있었다. 제 와이프가 딸에게 왈, “멸치가 너무 크니까 꺼내 놓고 먹으라”고 했다. 제 딸이 대답하기를, “꺼내 놓고 먹으려면 처음부터 넣지 말지, 왜 그것을 넣고 귀찮게 다시 꺼내라고 하냐?”는 것이었다. 그때의 그 황당함은 이루 말할 수 없었다. 캐나다에서 태어나서인지, 멸치를 넣고 국물을 우려내야 제맛이 난다는 것을 알지 못하다니! 외국에서 2세로 태어난 여러분의 자녀들도 어렸을 때 그런 반응 보이지 않았는지 궁금하다.

필자의 글에 비약이 있지만, 제 딸의 반응이 서구 사회 Western Culture의 한 단면이라는 것이다.

깊이 우러나오는 국물 맛 같은 것이 없다는 것이다. 물론 slow cooker에 밤새 끓인 수프 국물에는 깊은 맛이 있지만…. 여하간 서양 사회는 불행히도 기독교 이전에 문화 전통의 밑동을 잘라내 버려서 그 맛이 밋밋하다는 것이다.

동양이든 서양이든 고대인들은 태양의 움직임에 따라 축제일을 제정하고 기념했다. 태양력에 의하면 사계절 봄, 여름, 가을, 겨울로 구분된다. 우리가 잘 알듯이 봄은 3월 20일 춘분부터 공식적으로 시작되고, 이때부터 낮의 길이가 밤보다 더 길어진다. 여름의 시작은 6월 20일 하지이고 이때 낮의 길이가 일 년 중 가장 길다. 그리고 가을은 밤의 길이가 낮보다 더 길어지는 추분, 9월 20일에 시작되고 겨울은 동지 낮의 길이가 가장 짧을 때인 12월 20일 후부터 시작된다.

오늘날, 기독교인들은 크리스마스와 부활절을 큰 축제로 여기고 기념한다. 물론, 이 두 축제 모두 하나님의 아들 예수와 밀접한 연관이 있는 것으로 되어 있다. 그러나 크리스마스와 부활절의 원형질은 고대 사람들이 동지를 기념하는 축제와 춘분을 기념하는 축제와 밀접한 관련이 있다는 것이다. 그것이 기독교로 옮겨 오면서 크리스마스 그리고 부활절로 바뀐 것이다. 불행히도 서양의 기독교에는 고대로부터 내려온 하지 축제와 추분 축제를 계승하지 못해서 오늘날 서양의 기독교 그리고 동양의 기독인들은 하지와 추분이 주는 문화사적 의미 그리고 그것을 어떻게 기념하고 넘어가야 하는지를 모른다. 혹자는 "우리 기독교에 추수 감사절이 있지 않습니까?"라고 반문할 수 있지만, 추수 감사절은 원래 이곳 북미 원주민들이 가을 축제였고 유럽 사람들이 북미 대륙에 건너와서부터 기독교가 받아들인 역사로 치면 아주 최근에 만들어진 축제라고 말할 수 있다. 추분에 맞는 가을 축제의 원형이 아직도 남아 있는 것이 바로 핼러윈 축제다.

역사가인 니콜라스 로져스에 의하면 핼러윈의 기원 중 하나는 고대 켈트족의 축제인 삼하인 혹은 사무인(Samhain, Samuin(pronounced sow-an or sow-in))에서 기인한다고 주장한다. 이 삼하인이라는 단어는 고대 아이리시 언어에서 유래하는데 그 의미는 '여름의 끝'이라는 뜻이다. 다시 말하면 가을의 시작인 것이다. 추분 때 행해진 축제라는 것이다. 삼하인이라는 축제는 일 년 중 빛의 절반이 끝나고 어둠의 절반이 시작되는 때를 기념하는 축제다. 그리고 켈트족 전통에 의하면 이때를 'Celtic New Year'로 간주하였다. 서양에서 3월이 아닌 9월에 신학기가 시작되는 이유는 바로 여기에 있는 것이다. 고대 켈트족들은 삼하인, 즉 추분이 되는 날에 이 세상과 저 세상의 경계선이 가장 얇아진(Thin)다고 믿었다. 그래서 그 날 밤에 영혼들이 (그것이 유익한 영이든 혹은 해악을 주는 영이든) 이 생과 저 생을 왔다 갔다 할 수 있다고 믿었다. 그 날 밤에 자신들에게 이로움을 줄 자기의 조상신들을 경배하고 또 집 안으로 초대하는 한편 해악을 주는 악령들은 집 안으로 들어오는 것을 금해야 했다. 악령을 멀리하는 방법으로 스스로를 기괴한 마스크와 귀신의 복장으로 변장시켜 악령이 자신들에게 접근해 들어오지 못하게 했던 것이다. 오늘날에도 핼러윈 시즌에 집 주변에 호박 덩어리를 조각해서 그 속에 초를 켜 놓아 설치하는 이유는 악령을 멀리하는 고대 켈트족의 전통에서 나온 것이라 말할 수 있다. 즉, 호박 덩어리가 집안 수호신 역할을 하는 것이다. 우리도 동지 때 팥죽을 끓여 문 앞에 뿌려 그날 밤에 악신을 막는 것과 유사한 전통이라고 말할 수 있다. 각종 기괴한 복장과 마스크를 쓴 아이들이 핼러윈 밤에 여러분 집 문 앞에서 무어라고 하나? "Trick or treat?"라고 한다. 우리 악령들을 속여서 쫓아내든지 아니면 잘 타일러서, 즉 우리들이 좋아하는 음식을 제공해 줘서 쫓아내든지 하라는 것이다.

삼하인 축제 때는 한편, 겨울을 위해서 농작물을 저장하고 가축을 잡아 겨울 음식을 준비했다. 그리고 모닥불(bonfires) 놀이가 축제의 중요한 역할을 했다. 이때 사람들은 겨울을 준비하기 위해 각 가정의 벽난로 불을 마을 축제용 모닥불에서 채취해서 가져갔다. 또 모닥불 축제 때 가

축을 잡은 동물의 뼈를 불 속에 던지는 의식 또한 거행했다. 그리고 두 개의 모닥불 사이로 사람과 가축이 나란히 걸어가기도 했다. 이 모든 것은 자신들의 죄를 씻고 정결케 하는 예식의 일환이었던 것이다.

켈트족보다도 더 오래된 핼러윈의 기원은 고대 이집트 문헌에서 찾을 수 있다. 이집트 역사가인 알빈 쿤은 핼러윈이 태양신의 죽음을 기념하기 위한 축제였다고 주장한다. 왜냐면 고대 이집트인들은 추분 이래로 태양이 지평선 아래로 서서히 가라앉기 때문에 낮의 길이가 점점 더 짧아진다고 믿었기 때문이다. 이때를 이집트에서는 마이클마스(미카엘마스)라고 불렀다. 여기서 마스는 태어난 때를 의미한다. 크리스마스도 그리스도가 태어난 때를 말하는 것과 같다. 미카엘(영어로 마이클)은 지평선의 혹은 '균형의 신'으로 이집트어의 마쿠에서 유래되었다. 문제는 핼러윈 축제와 같은 고대 근동의 전통이 서양 로마 제국의 기독교에 의해서 철저하게 이교도의 문화로 낙인찍히고, 그리고 이단으로 정죄되었다. 그래서 그 뿌리까지 뽑혀져서 오늘날 우리는(서양 사람들조차도) 핼러윈 축제의 참 의미를 모르고 그저 아이들이 괴상한 복장과 마스크를 쓰고 가가호호 방문해서 사탕이나 모으는 한 가을밤의 놀이 정도로 이해하고 있다는 것이다.

핼러윈 축제 때 마스크를 쓴다는 그 본래 의미는 자기 자신이 누구인지를 재발견하는 시간이다. 원래는 신적 영을 소유한 인간이 동물의 모습을 하고 있다는 뜻이다. 즉, 영적인, 신적인 영역에 있던 신, 다른 말로 영이 동물의 몸과 결합되어 있다는 것을 다시 한번 상기시키고 있다는 것이다. 핼러윈 축제는 영들이 그 신적인 본래 모습을 동물의 몸으로 상징하는 가면 마스크 뒤에 자신들을 숨겨두고 있다는 것을 다시 한번 생생하게 세상 모든 사람에게 각인시키는 그런 신학적 축제의 마당인 것이다.

탕자의 비유에 대한 알레고리컬 해석에서 언급했듯이 우리는 원래 영인데, 하늘나라의 둘째 아들로서 이 세상에 동물의 몸을 입고 태어났다는 것이다. 천사처럼 고귀하게 살아야 할 우리 영들이 동물의 몸을 입고 있으니 결국에는 돼지처럼 움막에서 쥐엄 열매를 구걸하는 신세가 되었다. 이 얼마나 어색하고 어글리한 현상인가! 너의 본질, 신적 본질을 다시 찾아라! 이것이 바로 핼러윈 축제의 깊고 숨은 메시지인 것이다. 사도 바울도 《고린도전서》 3장 16절에서는 이렇게 말한다. "Do you not know that you are God's temple and that God's Spirit dwells in you?" 하나님의 영이 당신 몸 안에 거하고 있다는 것 그것 알지 못하십니까? 그래서 당신 몸이 거룩한 성전입니다. 그렇지 않으면 동물과 다를 것이 무엇인가? 이와 같은 핼러윈의 의미를 알고 나서 《창세기》 3장을 다시 읽어보자. 《창세기》를 역사적 사실이기보다는 상징으로 알레고리로 읽어보자.

오늘 이야기는 아담과 이브가 에덴동산에서 추방되는 장면이다. 탕자 이야기로 치면 하늘 아버지 집을 떠나는 장면인 것이다. 다시 말하면 인류의 첫 번째 조상들이 그 영들이, 하늘나라 둘째 아들 · 딸이 하늘나라에서 먼 나라로 길을 떠나려고 할 때, 다른 말로, 이 땅으로 떨어질 때, 그것을 정통 신학에서는 '타락'이라고, 혹은 단테는 이것을 '실낙원'이라고 표현했다. 어쨌든 그 때, 하늘 아버지께서 그들을 위해서 'garments of skin' 가죽옷을 만들어 입혀 주었다는 것이다.

성서를, 특히 《창세기》를 문자적으로 읽던 사람들은 이 부분을 해석하기를 하나님께서 주변의 있던 동물을 죽여 그 동물의 가죽으로 벌거벗은 인간들을 위해 옷을 해 입히셨다고 주장해 왔다. 좀 더 깊이 읽어보자. 본문을 영어로 자세히 읽어보면 문법적으로 맞지 않는다. 하나님께서 아담과 이브를 위해서, 즉 복수의 두 사람을 위해서 가죽 옷을 만들어 입혔다고 되어 있는데 에덴동산에서 추방된 것은 아담 한 사람뿐이다. 3:24 He drove out the man; 우리말 성경으로만 읽으면 이런 오류를 찾아낼 수가 없다. 일점일획도 틀림이 없어야 할 성경 말씀이 이런 문법적 오류가 있어서야 어찌 권위가 서겠는가? 성경의 권위를 그렇게 인위적인 방법으로 세우지 말자. 그 말씀 속에 숨겨진 참 진리를 찾을 때 권위는 자동으로 세워지는 것이다.

성서에서 히브리어 아담은 사람이라는 보통명사이고(고유명사가 아님) 또 이 아담은 하늘에서 추방되어 이 세상에 태어난 모든 영을 대변하는 상징적 보통명사다. 그리고 영이 아담이라면 가죽옷은 인간의 몸 그 자체를 의미한다고 보아야 한다. 이 몸이 바로 the garment of skin, 가죽옷이라는 뜻이다. 즉, 아담이라고 하는 영을 이 세상에 내어 보낼 때 가죽 옷을 입혀서(인간의 몸을 통해서) 내보냈다는 것이다. 쫓겨난 것이 아니라는 말이다. 삼국유사에서도 인간 단군이 만들어지기까지의 과정을 보라. 단군이란 누구의 아들인가? 영으로 대변되는 하늘에서 내려온 서자, 둘째 아들 환웅과 곰이라는 동물이 여인으로 바뀐 뒤에 둘 사이에서 태어난 존재로 그려지고 있지 않은가! 단군 이야기도 상징으로 읽어야 한다는 것이다. 즉, 인간이란 신적인 영(환웅)과 곰, 동물이라는 몸과의 결합체라는 뜻이다. 고차원이 있던 영이 저차원인 동물의 몸을 입을 때 그 모습은 어글리하고 그로테스크한 동물의 마스크를 쓸 수밖에 없다는 것이다. 그 quality가 떨어질 수밖에 없다. 우스꽝스럽게 만들어진 핼러윈의 마스크는 하늘의 영이 인간으로 태어나기 위해서 동물의 몸을 입을 때 그 신적 아름다움이 슬프게도 이글어지고 왜곡되어진다는 것을 예시하고 있다. 앞에서 언급했듯이 그 축제의 밤에 켈트족들은 장작불을 피우고 동물을 죽여 그 동물의 뼈를 활활 타오르는 불 속으로 던지거나(그래서 장작불 축제를 영어로 bonfires라고 한다) 또는 동물과 나란히 정결예식의 일환으로 두 개의 장작불 사이로 걷는다. 이 말은 불로 상징되는 지적이고 영적인 신적 원리로 상징되는 동물적인 것을 그 불 속으로 내던져야만, 즉 동물적인 것이 그 불 속에서 사그라져야만 비로소 신적 아들로 다시 태어날 수 있다는 거룩한 예식이라는 의미다.

질문: 성서에서 누가 불 속에서 던져졌지만 사그라지지 않고 생존했는가? 다니엘의 세 친구는 사드락, 메삭, 아벳 느고다. 물질이라고 하는 황금상 앞에 절하지 않는다고 해서 불 속에 던져진 이 살아 있는 세 영은 하나님의 원칙이 살아 숨 쉬는 용광로에서 생존했던 것이다. 물질, 동물 뼈다귀는 이 거룩한 용광로의 불길에 살아남을 수 없어도 살아 있는 하나님을 섬기는 영은 펄펄 타오르는 신적 원칙 안에서 더더욱 빛나는 것이다. 《다니엘서》 3장 14절에서 25절까지 다시 읽으시길 바란다. 이 세상의 왕들은 황금상을 만들어 놓고 그것을 섬기고 예배하도록 강요한다. 옛날이나 지금이나 별반 다르지 않다. 그런데, 다니엘의 세 친구가 불 속에 던져졌을 때 어떤 현상이 일어났는가? 분명히 세 사람을 집어넣었는데 왕이 눈에 네 사람이 불 속에 살아 있는 것을 발견한 것이다. 이 이야기의 본질적인 의미는 이 동물이라고 하는 몸이 하나님의 신적 원칙이라는 불 속으로 던져졌을 때 오직 영만이 남게 된다는 것이다. 《로마서》 8장 6절에 사도 바울에게 말한다. "육적인 것에 마음을 두면 죽음이요, 영적인 것에 마음을 두면 생명이요, 평화다." 동물이라는 인간은 황금을 숭배하게 되어 있다. 그러나 하나님의 자녀들은 살아계신 영을 예배한다.

《시편》 29편 7절의 flames of fire란 하나님의 소리라고 한다.

《Psalm》 29:7 The voice of the LORD flashes forth flames of fire.

《이사야》 66장 15절에서는 '주는 불로 오신다'라고 말한다. 《Isaiah》 66:15 For the LORD will come in fire, and his chariots like the whirlwind, to pay back his anger in fury, and his rebuke in flames of fire.

《히브리서》 1장 7절 말씀이다.

"그는 천사들을 바람이 되게 하시고 그의 종/일꾼들은 flames of fire가 되게 하셨다."

《Hebrews》 1:7

Of the angels he says, "He makes his angels winds, and his servants flames of fire."

불, 불꽃이란 하늘의 소리, 하늘로부터 내려 온 영에 대한 상징적 표현이다. 그 하늘의 소리를 내는 자는 하나님의 일꾼/자녀다.

14장.
행복마을: Pleasantville

《누가복음》 13:18–21

(13:18) 예수께서 또 말씀하셨다. "하느님의 나라는 무엇과 같으며 또 무엇에 비길 수 있을까? (13:19) 어떤 사람이 겨자씨 한 알을 밭에 뿌렸다. 겨자씨는 싹이 돋고 자라서 큰 나무가 되어 공중의 새들이 그 가지에 깃들였다. 하느님의 나라는 이 겨자씨와 같다." (13:20) 예수께서 또 말씀하셨다. "하느님의 나라를 무엇에 비길 수 있을까? (13:21) 어떤 여자가 누룩을 밀가루 서 말 속에 집어넣었더니 마침내 온 덩이가 부풀어올랐다. 하느님의 나라는 이런 누룩과 같다."

여러분은 몇 년도에 집에 있던 흑백 TV를 컬러 TV로 바꾸었는가? 이 질문을 캐나다 교인들에게 했을 때 그들 대부분은 60년대 중반 전후라고 대답했다. 필자의 기억으로는 한국은 전두환 정권 때 88올림픽 유치를 따내고 나서 바로 다음 해인 81년도에 흑백에서 컬러 TV 시대로 돌입하게 되었다.

혹시 〈Pleasantville〉이라는 영화를 보신 적이 있는가? 개리 로스

(Gary Ross)가 직접 시나리오를 쓰고 프로듀서를 하고 감독까지 한 작품으로 1998년 아카데미 수상식 nominate까지 올라간 영화다. 〈Pleasantville〉의 줄거리는 다음과 같다. 데이비드와 그의 여동생 제니퍼는 쌍둥이다. 그들은 쌍둥이 임에도 불구하고 전혀 다른 학창 생활을 한다. 제니퍼는 자신의 외모를 가꾸는 데 그리고 인기를 유지하는 데 관심이 많고 데이비드는 집 소파에 앉아 50년대 흑백 시트콤인 〈Pleasantville〉을 시청하는 데 자신의 여가를 보낸다. 하루는 둘이서 채널권을 가지고 다투다가 그만 리모컨을 망가뜨려 버린다. TV 수리공이 와서 새로운 리모컨을 데이비드에게 건네주고 사라진다. 데이비드가 새 리모컨을 누르자마자 같은 방에 있던 제니퍼와 데이비드가 동시에 TV 속으로 빨려 들어가 50년대의 흑백시대 Pleasantville 행복 마을의 현장에 놓이게 된다. 그리고 이들의 이름도, 데이비드는 버드로 그리고 제니퍼는 메리 파커로 바뀌게 된다. 그때부터 이 쌍둥이는 흑백의 세계에서 살게 된다. 즉, 행복 마을이란 흑과 백의 논리가 분명한 세상인 것이다. 다른 말로 하면, 주어진 사회 체제에 순응하고 사는 인간들이 모여 사는 동네라는 의미가 줄거리 내내 내포되어 있다.

20세기 말 다양함과 컬러 시대에 익숙한 두 젊은이 눈에는 이 행복마을의 모든 것이 이상해 보였다. 마을 전체가 흑색과 백색만이 있고 사람들의 옷도 흑색과 백색만을 입고 다닌다. 거리의 간판도 모두 흑색 아니면 백색이다. 그래서 사람들의 표정도 무표정하고 색깔이 없다. 그래서 서로 화내는 일도 없다(얼마나 행복하겠는가!). 마을에는 오직 한 길 뿐이다. 그리고 마을 사람 누구도 마을 구역 밖을 나가본 적이 없다. 마을 사람 모두 행복해 보이고 교통사고도 없고 특별한 이벤트도 없이 매일 매일 그럭저럭 살고 있다. 하루는 90년대 컬러 세상에서 이 마을에 온 버드가 마거릿이라는 동네 소녀와 사랑에 빠진다. 그들은 마을 어귀에 있는 공원에 소풍을 간다. 그리고 거기서 소녀는 공원 한가운데 놓여 있는 사과나무에서 과일을 따서 먹고 그것을 버드에게 준다. 사실 사과 열매는 그 마을에서 유일하게 색깔을 띠고 있는 것이었다. 사과 열매를 먹고 나서 그들은 자신들 속에 색깔을 얻을 수 있다는 힘을 발견하게 된다(이는 《창세기》 아담 이브의 선악과 따 먹는 장면을 연상시킨다).

그리고 버드는 한 흑인 처녀를 동네 불한당들로부터 구해 준다. 그러고 나서 자신의 본래적 색깔을 회복하게 된다(즉, 컬러를 입는다). 이후 버드 주변으로 사람들이 모이기 시작하고 또 궁금해 한다. 일부는 그가 입은 색깔을 좋아하고 일부는 의심하고 또 다른 일부는 그를 혐오하기 시작한다. 버드를 좋아하는 사람들은 버드처럼 색깔을 얻고 싶어 한다. 그들은 버드로부터 생각하고 자신들의 감정, 느낌, 사랑, 기쁨, 슬픔 등을 표현하는 것을 배우기 시작한다. 그렇게 함으로 버드 주변의 사람들도 자신들만의 색깔을 가지게 되고 또 여러 색이 스크린 이곳저곳에 알록달록하게 퍼지기 시작한다. 오늘 성서의 본문처럼 마치 이스트가 빵에 골고루 퍼지는 것처럼….

그러나 그렇게 해서 색깔을 가진 사람들이 자기 자신들을 염려하기 시작한다. 무색인 다수의 시민이 색깔이 있는 사람들을 공격하고 색깔로 덧입혀진 상점들을 파괴시킨다. 그들은 마을 도서관 앞에서 책을 불사르기까지 한다. 왜냐면 무채색의 시민들은 바로 이 책들, 앎이, 지식이 색깔을 얻는 데 일조하고 있다고 믿었기 때문이다.

이 영화에서 가장 수구적인 모습을 보여 준 마을의 시장이 새로운 긴급조치 법안을 만들어 완벽한 그리고 행복한 마을을 지키려고 마을 공회를 소집한다. 이들이 만들어 놓은 행복한 마을이란 무엇인가? 이 영화의 한 예를 들면, 파커 씨가 하루는 일을 마치고 집에 온다. “Honey, I am home.” 하지만 아무런 반응이 없다. 그러자 그는 집안을 두리번거리며 소리를 지른다. “내 밥상 어디에 있어?”라고…. “내 아내 어디 있어?”가 아니라 “내 밥상 어디 있어?”라는 것이다. 자기가 일을 마치고 돌아올 때는 모든 것이 자기가 원하는 자리에 있어야 한다는 것이다. 그것이 남편의 당연한 행복이고 여자는 그 행복을 만족시켜 주는 역할을 충실히 할 때 행복은 지켜지는 것이다.

City Hall에 마을 사람들이 모였을 때 이 영화는 극단적인 대비를 보여 준다. 색깔을 얻은 시민들은 공회당 위층 발코니에 앉아 있고 무채색의 시민들은 아래층 메인 플로어에 앉아 있다. 주류가 메인 플로어를 장악하고 있다는 또 다른 상징적 표현이다. 이 도시의 시장이 새로운 법안을 공포한다. 버드가 나서서 그 법안에 반대한다는 입장을 표명한다. 그러자 시장은 버드에게 공회당을 떠날 것을 명령한다. 색깔을 얻은 버드는 시장에 말에 고분고분 순응하기보다는 오히려 앞으로 나와서 무색의 시민들에게 감정, 정서, 느낌에 관해서 설명을 해 주기 시작한다. 특히 자신의 아버지 파커 씨에게 집을 나간 아내에 대한 진솔한 고백을 하게 함으로 아버지도 색깔을 입게 만든다. 이런 버드의 행동은 시장을 무척 화나게 한다. 그런데 시장이 공적인 석상에서 자기의 감정을 제어하지 못하고 화를 내기 시작하자 자신도 모르게 시장의 몸이 color를 입기 시작한다. 그 모습에 너무도 당황한 나머지 시장은 줄행랑을 친다. 이를 보고 사람들은 낄낄 웃는다. 사람들이 웃기 시작하자 메인 플로어에 있던 그 무색의 사람들도 컬러를 입기 시작한다. 왜? 감정을 되찾았으니까! 그리고 그들이 공회당 밖으로 나오자 전 마을이 총천연색의 색깔을 입고 있음을 확인한다. 그리고 서로들 너무 좋아하며 서로 얼싸안고 키스를 하며 그리고 어린아이들이 마음껏 뛰어다니는 장면을 멀리하고 영화는 막을 내린다.

이 〈행복 마을〉이란 영화에는 많은 상징이 있다. 첫 번째, 메인 캐릭터의 이름이 Bud(버드)라는 것이다. 새싹이다. 버드는 그 이름답게 자신의 역할을 성실히 수행한다. 그리고 무엇보다도 이 영화에서의 최고의 상징은 색깔이다. 여기서 색깔은 지식을 상징한다. 당신이 참지식을 가지면 두려움, 편견, 그리고 무지가 낳은 혐오를 극복할 수 있다는 것이다. 당신은 당신이 새롭게 얻은 지식을 변호하고 또 다른 이들에게 진실을 말하는 데 주저하지 않는다는 것이다. 게리 로스 감독은 말하기를, 개인적인 억압, 억눌림은 더욱 더 큰 사회적, 정치적 억압을 낳게 된다는 것을 말하고 싶어서 이 영화를 만들었다고 한다. 캐나다에 살면서 좋은 점이 무엇인가? 필자는 사상의 제약을 받지 않고 공부할 수 있었다는 점이다. 국가보안법이니, 빨갱이니, 긴급조치와 같은 제약 없이 생각을 키워 나갈 수 있었다는 것이다. 또 설교를 준비하거나 선포할 때 검열(censorship) 없이 말씀을 선포해 왔다는 것이다. 종교의 궁극적인 목표가 무엇인가? 《요한복음》 8장 32절에 예수께서 말씀하셨듯이, "너희가 내 말에 거하면 참 제자가 되고 진리를 알지니, 진리가 너희를 자유케하리라!"라는 말씀이다. 진리 안에서의 자유가 이 세상에서 맛볼 수 있는 구원이다.

개리 감독은 또 말하기를 "우리가 우리 안에 어떤 것, 절대라고 생각했던 것, 또 우리가 변화를 두려워할 때 우리는 그 두려움을 다른 사람에게 투영하고 그 결과 이루 말할 수 없는 부정과 불의가 정의로 둔갑해서 난리를 친다는 것이다"라 하였다. 참으로 맞는 말씀이다. 세상은 많이 변해 왔다. 아마도 가장 큰 변화 중 하나는 한 colored man이 지난 8년 동안 세계에서 가장 강성하다는 미국의 대통령으로 당선되어 통치하고 가장 인기 있는 대통령으로 물러났다는 것이다. 정말로 한 세대 전만 해도 상상할 수 없던 일들이 지금 우리 앞에 매일 벌어지고 있다.

이 영화의 1950년대는 흑백 TV처럼 흑과 백이 분명하게 나누어졌던 시기였다. 미국을 중심으로 한 자본 진영과 소비에트 연방을 중심으로 한 공산 진영으로, 백인 지역과 흑인 지역으로, 백인 학교 흑인 학교로 분명하게 선이 그어져 있었다.

우리 한국도 남북으로 갈라지고, 이념이 대립되고, 반공이 국시가 되고, 그것에 반대하는 사람들은 무조건 빨간색으로 덧입혀져 사회로부터 매장되어 왔다. 두려움과 무지 때문에 누구도 앞서서 그어진 라인을 감히 넘어서려 하지 않았다. 그러다가 마틴 루터 킹 주니어 목사와 같은 새로운 지식을 얻은 사람들이 흑백의 장벽을 허물고 컬러시대를 열었다. 한국에서는 문익환 목사님 같으신 분들이 흑백의 시대에서 컬러시대로 우리들을 이끌어 왔다. 역사적 진보 중에 중요한 것 중 하나는 한번 컬러의 시대에 들어오면 다시 흑백의 시대로 후진할 수 없다는 것이다. 여러분은 컬러 TV를 사고 나서 흑백 TV를 어떻게 했는가? 대부분 우리들은 이를 내다 버렸을 것이다. 아니면 골동품으로 간직하고 있거나.

신앙의 세계도 이와 같다고 생각한다. 한번 컬러의 맛을 보면 흑백의 메시지가 너무도 진부하다는 것을 느낄 수밖에 없다. 필자가 교만해서 이런 말 하는 것이 아니다. 사도 바울도 《고린도전서》 13장에 "내가 어렸을 때는 말하는 것, 생각하는 것, 행동하는 것이 어린아이 같다가 어른이 되어서(즉, 컬러를 입고 나서) 어린이 짓을 버렸노라"라고 말하지 않는가! 불행히도, 우리 주변에는 특히 신앙의 세계에서는 아직도 흑백

TV를 보고 그 너머의 세계를 이단시하는 사람들이 많다.

천국이란 무엇인가? 또 무엇과 비교될 수 있는가? 이는 겨자씨 하나가 가든에 뿌려져서 무럭무럭 자라 새가 둥지를 틀 정도로 커졌다는 것과 비유되고 있다. 또 천국은 한 여인이 누룩을 밀가루 반죽에 넣어 그것이 퍼져 부풀어 오르게 하는 누룩과 같다고 비유한다. 반죽이 부풀어 오른 상태가 천국이 아니라 그것을 부풀어 오르게 하는 누룩과 같은 것이 천국이라는 것이다.

예수 당시 겨자씨, 여인, 누룩은 모두 유대 전통과 문화에 기초로 해서 보면 부정적인 심지어는 나쁜 이미지를 가지고 있는 것들이다. 겨자씨 비유를 오늘날 서양식으로 표현하면 Green Grass에 여기저기 피어 있는 민들레와 같은 존재라 할 수 있다. 흑인, 유색인종, 이슬람과 같은 종교단체, 장애인, 동성애자 등등은 지금도 세계 곳곳에서 그리고 많은 사람의 생각과 의식 속에서 부정적인 이미지로 자리 잡고 있다.

하나님의 아들 예수는 이러한 부정적인 이미지의 사람/상징을 가지고 하나님의 나라를 건설하는 키 소스로 사용하고 계시다는 것이다. 이 얼마나 위험천만한 발상인가? 그런데 그것이 복음이다. 겨자씨 상당히 위험한 씨앗이다. 잡초과에 속한다. 일단 가든에 심겨지면 아주 급속도로 커져서 가든을 망가뜨려 버린다. 한마디로 말하면 그 가든이 쑥대밭이 되고 만다. 예수께서 이것을 모를 리 없으실 텐데, 천국이 그렇다는 것이다.

여러분 자신과 주변을 살펴보라. 다른 인종과 문화와 종교와 결혼한(intermarriage) 부부, 가족들을 자주 목격한다. 같은 문화 인종, 종교를 가진 사람들끼리 결혼을 하고 살아도 그 관계를 지속하는 것이 쉽지 않은데 서로 다른 문화끼리 만나서 살려면 서로 몇 배의 노력을 해야 한다. 그러면 그 속에서 자란 다음 세대들은 서로를 이해하고 사랑하고 섬기는 일을 더 잘 할 것이다. 우리 다음 세대는 이슬람도 더 잘 이해할 것이고 일본 사람, 중국 사람, 인도 사람, 아프리카 사람, 동남아시아 사람 등등과도 더 서로 존중하고 조화롭게 지낼 것이다. 천국이 그렇게 펴지지 않고 다르게 만들어지는 방법이 있겠는가? 하늘에서 불이 내려와서 우리하고 다른 사람들은 다 불살라 버리고 우리만을 위한 천국을 아직도 꿈꾸고 있는가? 하늘에서 핵무기와 같은 불이 내려오면 다 죽는다.

오랫동안 제 마음과 의식을 사로잡았던 흑백의 논리, 성서의 문자적 해석이라는 밭에 말이 되는 겨자씨가 심어지고, 상식이 통하는 누룩이 퍼졌을 때 다름을 받아들이는 폭이 넓어지고 하나님의 말씀을 이해하는 깊이가 깊어졌다. 그리고 이제는 두려움 없이 전하기까지 한다. 그것이 천국임을 믿기에. 필자는 목사의 역할은 흑백으로 되어 있는 성서의 이야기에 컬러를 덧입히는 일을 하는 사람이라고 생각한다. 그리고 성도는 colorful한 메시지를 듣고 자신도 color를 입어 세상을 더욱 더 아름답게, 조화롭게 만드는 일을 감당하는 사람들이라고 믿는다. 가능하면 〈Pleasantville〉이라는 영화를 감상하시길 바란다.

15장.
Fratricide 형제살해: 카인과 아벨 이야기를 중심으로

《창세기》 4: 1–14

(4:1) 아담이 아내 하와와 한자리에 들었더니 아내가 임신하여 카인을 낳고 이렇게 외쳤다. "야훼께서 나에게 아들을 주셨구나!"(4:2) 하와는 또 카인의 아우 아벨을 낳았는데, 아벨은 양을 치는 목자가 되었고 카인은 밭을 가는 농부가 되었다.(4:3) 때가 되어 카인은 땅에서 난 곡식을 야훼께 예물로 드렸고(4:4) 아벨은 양떼 가운데서 맏배의 기름기를 드렸다. 그런데 야훼께서는 아벨과 그가 바친 예물은 반기시고(4:5) 카인과 그가 바친 예물은 반기지 않으셨다. 카인은 고개를 떨어뜨렸다. 몹시 화가 나 있었다. 야훼께서 이것을 보시고 (4:6) 카인에게 말씀하셨다. "너는 왜 그렇게 화가 났느냐? 왜 고개를 떨어뜨리고 있느냐? (4:7) 네가 잘했다면 왜 얼굴을 쳐들지 못하느냐? 그러나 네가 만일 마음을 잘못 먹었다면, 죄가 네 문 앞에 도사리고 앉아 너를 노릴 것이다. 그러므로 너는 그 죄에 굴레를 씌워야 한다."(4:8) 그러나 카인은 아우 아벨을 ㉠들로 가자고 꾀어 들로 데리고 나가서 달려들어 아우 아벨을 쳐죽였다. /㉠칠십인역과 사마리아 오경을 따라 "들로 가자"를 삽입하였다. (4:9) 야훼께서 카인에게 물으셨다. "네 아우 아벨이 어디 있

느냐?" 카인은 "제가 아우를 지키는 사람입니까?" 하고 잡아떼며 모른다고 대답하였다.(4:10) 그러나 야훼께서는 "네가 어찌 이런 일을 저질렀느냐?" 하시면서 꾸짖으셨다. "네 아우의 피가 땅에서 나에게 울부짖고 있다.(4:11) 땅이 입을 벌려 네 아우의 피를 네 손에서 받았다. 너는 저주를 받은 몸이니 이 땅에서 물러나야 한다.(4:12) 네가 아무리 애써 땅을 갈아도 이 땅은 더 이상 소출을 내지 않을 것이다. 너는 세상을 떠돌아다니는 신세가 될 것이다." (4:13) 그러자 카인이 야훼께 하소연하였다. "벌이 너무 무거워서, 저로서는 견디지 못하겠습니다. (4:14) 오늘 이 땅에서 저를 아주 쫓아내시니, 저는 이제 하느님을 뵙지 못하고 세상을 떠돌아다니게 되었습니다. 저를 만나는 사람마다 저를 죽이려고 할 것입니다."

히브리 성서의 첫 번째 책인 《창세기》를 대하고 있다. 《창세기》를 접하고 있다는 말은 역사를 다루고 있다는 것이 아니라 신화를 다루고 있다는 것이다. 그리고 신화를 다루고 있다는 것은 고대 근동 사람들이 가지고 있는 신에 대한 이해, 지식, 지혜, 또 그 속에서의 인간과의 관계를 이야기하는 것이다.

무언가를 믿기 전에 생각하자. 우리는 사람이다. 사람이란 생각하는 동물이라는 뜻이다. 영어 MAN의 산스크리트어의 문자적 의미는 생각하는 자(thinker)라는 뜻이다. 사람과 동물의 차이점은 생각하느냐 그렇지 않으냐에 있다. 생각하지 않고 행동으로 옮기면 동물이요, 생각하고 행동하는 자는 사람이다. 제 말을 다른 동물들이 들으면 기분 나빠하겠지만 물론, 동물도 생각하겠지만, 그러나 일반적으로 동물은 본능에 의해서 움직인다고 말할 수 있다. 행동하기 전에 생각한다는 것은 선과 악을 구분한다는 것이다. 《창세기》 3장에 최초의 인간인 아담과 이브가 선악과를 따 먹었다는 것은 사람은 선악을 아는 능력을 가지고 태어났다는 의미다. 사람과 동물의 차이점은 선과 악을 구별할 수 있느냐에 있다. 구별하면 사람이요 구별하지 못하면 사람의 탈을 쓴 동물(짐승)이다. 인류 조상이 선악과를 따 먹었다는 것은 그런 차원에서 저주가 아니라 축복이다.

《창세기》 4장의 본문을 인류사의 첫 부분에 있었던 역사적 실제적 사건으로, 즉 문자적으로 읽으면 이 본문의 끝에 가서 문제에 봉착한다. 카인이 자기 동생을 죽이고 나서 하나님으로부터 이 세상에서 쫓겨 다니는 자, 떠돌이 신세가 될 것이라는 저주를 받는다. 14절 카인 자신도 이를 받아들인다. 그가 그리고 이렇게 말한다. "I shall be a fugitive and a wanderer on the earth, and anyone who meets me may kill me(나는 이 세상에서 도망자요, 떠돌이가 될 것이다. 그리고 나를 만나는 자마다 나를 죽이려고 할 것이다)." 이것이 말이 되는 소리인가? 하나님께서 아담과 이브를 창조했고 결혼해서 두 아들을 낳았다. 다시 말하면 이 지구상에 현존하는 인간은 이 한 가족뿐이다. 그중에 아벨은 살해되었다. 도대체 카인의 두려움 공포란 무엇이란 말인가? 저를 만나는 사람들마다 저를 죽이려고 할 것이다. 그들로부터 나를 보호해 주소서.

분명 카인은 자기 주변에 다른 사람들이 존재하고 있음을 인지하고 있다.

고고학자들에 의하면 선사시대 역사 이전의 시대를 세 부분으로 나눈다. 석기 시대, 청동기 시대 그리고 철기 시대. 석기 시대는 구석기, 신석기 시대로 또 구분한다. 구석기 시대는 250만 년 전(2.5 million years ago)에 시작했다고 본다. 이때 인류의 조상들은 돌을 이용해서 동물 사냥과 fishing을 했다고 한다. 언제 호모 사피엔스가 지구상에 나타나 땅을 경작하고 농사를 짓기 시작했는가? B.C. 1만 년경으로, 이때를 신석기의 시작이라고 한다. B.C. 24세기경부터 농기구와 무기를 청동으로 만들기 시작했다. 그리고 철기 시대는 B.C. 12세기부터 시작된다. 다윗과 골리앗 이야기의 배경을 우리는 12세기경으로 추론할 수 있다. 왜냐면 골리앗은 철제무기를 소유했고 다윗은 사울왕이 사용하는 청동무기를 가지고 전쟁에 나가는 것을 거부한 것으로 되어 있기 때문이다.

《사무엘상》 17장 4절에서 7절을 읽어보자.

(17:4) 불레셋 진영에서 골리앗이라고 하는 장수 하나가 싸움을 걸어왔다. 그는 갓 출신으로서 장신이었다. (17:5) 머리에는 놋투구를 썼고 비늘갑옷을 입었는데 그 갑옷의 무게는 놋 오천 세겔이나 나갔으며, (17:6) 정강이에는 놋으로 만든 정강이받이를 찼고 어깨에는 놋으로 만든 창을 메고 있었다. (17:7) 그 창대는 베틀 용두머리만큼 굵었고 창날은 쇠로 되어 있었는데 그 무게는 육백 세겔이 넘었다.

골리앗의 장비 중에 다른 것은 다 놋(청동)으로 만들어져 있는데 창날만큼은 쇠(철기 제품)로 되어 있다.

다음은 《사무엘-상》 17장 38에서 39절 말씀이다.

(17:38) 사울은 자기 군복을 다윗에게 입힌 다음, 머리에는 놋 투구를 씌워주고 몸에는 갑옷을 입혔다. (17:39) 그리고 자기 칼을 다윗의 군복에 채워주었다. 그러나 다윗은 이런 것을 입어본 일이 없었으므로 몸을 제대로 움직일 수가 없었다. 그래서 다윗은 사울에게 "이런 것은 입어본 적이 없습니다. 이래서는 몸을 제대로 움직일 수가 없습니다" 하고는 그것을 모두 벗어버렸다.

이 부분 어디에도 사울왕의 칼이 쇠(철기)로 만들어져 있다는 말이 없다. 생각해 보라. 철기 무기를 가진 부대와 청동기 무기를 가진 부대가 전쟁하면 어느 편이 승리하겠는가? 당연히 철기 무기 팀이 이길 수밖에 없다. 객관적으로 말해서…. 다윗은 왕의 청동기 무기를 사용하는 것을 거부하고 오히려 석기시대 무기로 철기시대 장수와 한판 붙는 것이다. 누가 이겼는가? 다윗에게 이겼으니까 이 이야기가 오늘까지 성서에 남아 전달되는 것이다. 그래서 복음이다.

오늘날 미국이 왜 초강대국의 위치를 선점하고 있는가? 최첨단 과학을 이용해서 계속해서 신무기를 개발하고 있기 때문이다. 그러나 왜 그들이 베트남에서, 소말리아에서, 니카라과에서 패하고 말았다. 또 이라

크나 아프가니스탄에서 trillion 이상의 돈을 쏟아부으면서도 고전을 면치 못하고 있다. 다윗이 골리앗을 이기는 것이다.

Trillion dollars이 얼마나 되는 줄 계산해 본 적이 있는가? 동그라미를 12개 그려야 한다. 이는 million 곱하기 million이다. 1달러 지폐를 나란히 세우면 달나라까지 200번을 왕복할 수 있는 숫자다. 이는 지구에서 태양까지 거의 도달하는 거리다. 이는 또한 군용 제트기가 광속으로 달리면서 연기를 내뿜듯 돈다발을 뿌리는 데만 14년이 걸리는 거액이다. 그러한 거액을 미국은 이라크 전쟁 발발 후 5년간 사용한다. 그러고도 망하지 않고 저렇게 버티는 것이 신기할 뿐이다. 그래서 제국이라는 소리를 듣는다.

롭 심슨(Rob Simpson)이라는 사람은 《What We Could Have Done With the Money: 50 Ways to Send the Trillion Dollars We've Spent on Iraq》이라는 책에서 미국이 2003-2008년 5년간 이라크에서 사용한 trillion 달러를 보다 유익하게 사용하는 50가지 방법에 대해 저술하였다. 몇 가지 예를 들면, 200달러짜리 애플사의 아이팟을 전 세계인들에게 무료로 줄 수 있다고 한다. 전 미국인들의 크레딧카드빚을 갚을 수 있다. 전 미국의 하이웨이를 23.5k 금으로 포장할 수 있다. 전 미국의 senior citizens들에게 Buick sedan을 하나씩을 선물해 줄 수 있다. 전 미국에 대학생들을 무상으로 교육할 수 있다. 미국의 자녀와 학교를 위해서 1,900만 명의 새 교사를 채용할 수 있다. 그리고 4,300만 명의 집이 없는 사람들에게 1,660만 달러의 집을 제공해 줄 수 있다. 심슨은 그 외에 42가지의 유용한 방법에 관해서 기술하고 있다. 이러한 어마어마한 돈을 다른 형제를 죽이는 일에 사용하는지 이해할 수 없을 뿐이다.

다시 오늘 본문인 《창세기》 4장으로 돌아간다. 첫 번째, 카인은 태어나자마자 농부(farmer)가 되었다고 기술되어 있다. 또 아벨은 목자 목축업에 종사한 것으로 되어 있다. 목자가 되거나 농부가 된다는 것은 하루아침에 또 한 세대에 이루어지고 성취되는 것이 아니다. 성서 저자는 만 년 혹은 백만 년의 긴 역사적 산물을 단 한 줄에 기술하고 있을 뿐이다. (4:2) 하와는 또 카인의 아우 아벨을 낳았는데, 아벨은 양을 치는 목자가 되었고 카인은 밭을 가는 농부가 되었다(이 한 줄에 몇만 년짜리 역사가 농축되어 있다는 것을 이해하고 성서를 읽자). 여기서 아벨은 석기 시대 문화를 대변하고 있다고 말할 수도 있고 카인은 청동기 문화를 대변하고 있다고 볼 수도 있다. 두 문화권이 충돌했을 때 당연히 청동기 문화가 석기 시대 문화를 지배할 수밖에 없다.

두 번째, 왜 하나님께서는 아벨의 제사는 받으시고 카인의 제사는 거부하셨는가? 즉, 동물을 죽인 burnt offering은 받으시고 곡식을 드린 제사는 거부하셨다는 것으로 흔히들 이해하고 해석한다. Burnt offering의 참 의미가 무엇인가? 동물을 죽여 바친다는 것은 인간의 동물적인 욕망을 하나님 앞에서 불사른다는 것이다. 하나님은 그러한 제사 예배를 받으신다. 카인은 그러한 제사(삶)를 드리지 못한 것이다. 4장 7절에 의하면 하나님께서 카인에게 이렇게 말씀한다. "If you do well, will you not be accepted? And if you do not do well, sin is lurking at the door; its desire is for you, but you must master it."

창세기 4장 7절 네가 선을 행하면 어찌 낯을 들지 못하겠느냐 선을 행하지 아니하면 죄가 문에 엎드려 있느니라 죄가 너를 원하나 너는 죄를 다스릴지니라.

너의 마음 너의 자세가 문제였다는 것이다. 너의 동물적인 욕망을 버리지 않고 바치는 제사는 아무 소용이 없다는 것이다. 죄란 무엇인가? 동물적인 욕망이다. 그것이 우리 마음 문 앞에서 항상 잠복해 있다는 것이다. 그러므로 그것을 master 하라는 것이다. 카인은 자기의 욕망을 제어하기는커녕 자기의 동생을 죽여 버린다. 문명이라는 것은 civilization이라는 것은 사실 그래왔다. 형제가 형제를 죽이는 역사다.

로마라는 도시가 건설된 신화를 살펴보자. "로마인들은 세계가 어떻게 창조되었는가에 대한 신화는 가지고 있지 않지만 로마라는 도시가 어떻게 해서 탄생되었는 지에는 관심이 많았다. 로마 도시의 신화는 두 개의 신화(쌍둥이 로물루스와 레무스 이야기, 아이네이아스 이야기)가 결합된 신화다. 로물루스와 레무스 신화는 기원전 1세기 로마 역사가인

리비(Livy)의 작품에 나온 이야기가 가장 유명하다. 마스(Mars)라는 전쟁의 신과 레아 실비아(Rhea Silvia)라는 여인 사이에서 이 쌍둥이가 태어난다. 이들이 어렸을 때 이들의 great uncle이 쌍둥이를 Tiber 강에 내다 버린다. 그는 쌍둥이 할아버지의 왕국을 빼앗았는데, 그의 유일한 왕손인 이 쌍둥이가 차기 왕권을 계승하는 것을 봉쇄하기 위해 내다 버렸던 것이다. 그러나 다행이도 물에 버려진 이들을 늑대가 발견해 구해주고 이들을 젖 먹이고 돌보아 주었다. 그리고 지나가던 목자가 이 쌍둥이를 발견하여 집에 데려가 키웠다. 몇 년 후, 이 쌍둥이의 할아버지가 왕권을 되찾아오고 이 쌍둥이에게 그것을 물려주고 돌아가신다. 그러나 둘 사이에 다툼이 생겨 형인 로물루스가 동생인 레무스를 죽이고 도시를 세웠는데 그것이 바로 로마다. 그때가 바로 기원전 753년이었다." (from MSN, Encarta).

신화가 역사가 되는 방법은 아주 간단하다. 그 이야기에 장소와 날짜만 집어넣으면 된다. 단군신화도 장소와 시간이 들어감으로써 우리의 민족 역사가 된다. 필자는 로마 신화에서 로물루스 · 레무스 쌍둥이가 동물의 젖을 먹고 자랐다는 말을 동물의 욕구 · 욕망과 더불어 자랐다는 것으로 해석하고 싶다. 동생을 죽이고 세운 도시의 로마라는 이름은 바로 로물루스에서 따온 것이다. 또 전쟁의 신인 Mars의 DNA를 지닌 자들이니 전쟁을 일으키고 남을 정복 지배하는 것은 어찌 보면 당연한 이치일 수 있다. 아마도 이런 신화도 자신들이 로마라는 제국을 건설하고 나서 내용이 첨가된 것이라고 할 수 있다. 자신들의 승리와 착취를 정당화하기 위해서…. 도시란, 제국이란 무엇인가? 결국, 동생을 죽인 fratricide에 기초해서 세워졌다는 것이다. 《창세기》에 의하면 카인은 아벨을 죽인다. 로마 신화에 의하면 로물루스는 레무스를 죽인다. 그런데 이 신화가 오늘 우리의 21세기 문명과 별로 다르지 않다는 것이다. 20세기에 1차 · 2차 세계 대전으로 많은 형제가 형제를 죽였다. 우리 민족도 6 · 25 동란을 거치면서 많은 형제를 서로 죽였다. 여전히 세계 곳곳에서 형제가 형제를 죽이는 일이 반복되고 있다.

우리가 지금 컴퓨터나 펜이나 종이와 같은 기록을 남길 도구가 없이 이야기만으로 오늘날의 여러 사건을 다음 세대에 전달해야 한다면, 최고의 방법은 바로 '신화' 이야기다. 그리고 우리도 《창세기》의 카인과 아벨의 이야기, 로마 신화의 로물루스와 레무스의 이야기를 각색해서 반복할 수밖에 없을 것이다. 여러분은 이 둘 중 어떤 것을 선택하시겠는가? 두 신화 중에 필자는 《창세기》의 이야기를 선호한다. 왜냐면 거기에는 신의 음성이 담겨 있기 때문이다. 10절에 주께서 말씀하시기를 "네가 무슨 짓을 했느냐? 네 동생의 피가 땅에서부터 나를 향해 울부짖고 있구나"라 하였다.

문명의 이기에서 살아남은 사람들은, 또 그 사회에서 성공했다는 사람들은 카인에 후예의 다른 이름이라고 할 수 있다. 그런 사람들은 항상 겸손하게 신의 음성에 귀를 기울일 필요가 있다. 형의 위치에 있는 사람들은 동생(사회적 약자)을 돌볼 책무가 있는 것이다.

〈My heart is not broken yet〉이라는 영화를 관람한 적이 있다. 충청도에서 태어나 송신도 할머니는 16세에 일본에 의해 강제 징용되어 일본군 위안부로 끌려가 중국 곳곳의 전쟁지에서 일본 군인들의 성 노리개가 되었다. 그런 과정 중에 아이들을 둘 낳았으며 전쟁이 끝나자 일본으로 돌아와 반세기를 침묵과 치욕의 나날을 보내다가 1991년에 일본의 양심 세력과 함께 법정 투쟁을 10년간 벌인 사건을 다큐멘터리화한 내용이다. 필자는 이 다큐멘터리 영상을 보면서 골리앗과 다윗의 이야기를 재해석해 보았다. 아! 다윗이 이기는구나. 비록 골리앗으로 대변되는 일본 군국주의, 그 정권, 언론, 법원이 자신들의 치부를 온갖 갑옷으로 덮고 숨기고 싸움을 해도 송신도 할머니 말 한마디의 진실이 물맷돌이 되어 골리앗의 미간의 중심부에 내던져 꽂히는 것을 느꼈다. 성서는 증언한다. 골리앗이 아니라 다윗이 이겼다고. 하나님의 입장에서는 아벨이 이겼고 송신도 할머니도 이긴 것이다. 필자가 지금도 성서를 하나님의 말씀으로 믿는 이유 중에 하나다.

16장.
동방의 별 A star in the east

《마태복음》 2:1–10

1 In the time of King Herod, after Jesus was born in
Bethlehem of Judea, wise men from the East came to
Jerusalem, 2 asking, "Where is the child who has been
born king of the Jews? For we observed his star at its
rising, and have come to pay him homage." 3 When King
Herod heard this, he was frightened, and all Jerusalem
with him; 4 and calling together all the chief priests and
scribes of the people, he inquired of them where the
Messiah was to be born. 5 They told him, "In Bethlehem
of Judea; for so it has been written by the prophet: 6 'And
you, Bethlehem, in the land of Judah, are by no means
least among the rulers of Judah; for from you shall come
a ruler who is to shepherd my people Israel.'" 7 Then
Herod secretly called for the wise men and learned
from them the exact time when the star had appeared.
8 Then he sent them to Bethlehem, saying, "Go and

search diligently for the child; and when you have found him, bring me word so that I may also go and pay him homage." 9 When they had heard the king, they set out; and there, ahead of them, went the star that they had seen at its rising, until it stopped over the place where the child was. 10 When they saw that the star had stopped, they were overwhelmed with joy.

성서에서 별이란 단어를 접하면 어떤 감정/생각이 떠오르는가? 이때 별이란, 수성, 금성, 화성, 목성과 같은 태양을 중심으로 공전하는 혹성을 생각하는가? 손주를 돌보며 잘 지내시던 할아버지가 세상을 떠나서 더 이상 그들 곁에 존재하지 않을 때, 그들이 "할아버지 어디 계세요?"라고 묻는다면 뭐라고 대답하는가? 이 질문에 필자가 시무했던 교인 중에 한 분이 "할아버지는 하늘에 가셨고 별이 되어 우리의 어두운 밤을 비춰주고 계신단다"라고 대답했다.

그렇다. 성서에서 별은 예수 그리스도, 하늘에서 내려온 하늘 아들로 우리 안에 내재해 있는 영을 상징한다. 별은 인간 안에 있는 지적이고 영적인 불이요 이것이 인간과 동물을 구분 짓는다. 수평선 너머로 가라앉거나 사라지는 별처럼 영 또한 하늘에서 떨어져 흙과 물로 만들어진 몸속에 들어와 동쪽에서 서쪽으로 여행을 떠난다. 나는 원래 어디에서 왔는가? 내 안에 내재한 영적인 것, 신적인 것, 지적인 불, 예수 그리스도는 어디에서 왔는가?

《이사야》 14장 말씀을 살펴보자.

(14:12) 웬일이냐, 너 새벽 여신의 아들 샛별아, 네가 하늘에서 떨어지다니! 민족들을 짓밟던 네가 찍혀서 땅에 넘어지다니! (14:13) 네가 속으로 이런 생각을 하지 아니하였더냐? '내가 하늘에 오르리라. 나의 보좌를 저 높은 하느님의 별들 위에 두고 신들의 회의장이 있는 저 북극산에 자리 잡으리라.(14:14) 나는 저 구름 꼭대기에 올라가 가장 높으신 분처럼 되리라.'(14:15) 그런데 네가 저승으로 떨어지고 저 깊은 구렁의 바닥으로 떨어졌구나!

우리 안에 내재하고 깨어 있는 영은 언제나 하늘 아버지의 나라를 꿈꾸고 산다. 그러나 실재에 있어서는 영은 '저승'이라는 세상과 '저 깊은 구렁이 바닥'이라는 몸속에 떨어져 있는 상태다.

이를 일컬어 히브리어로 세월(Sheol)이라고 하고 영어로는 Hell, 그리고 그리스어로 하데스(Hades)라고 하는데 이 모든 표현이 우리가 지금 살고 있는 현실 세계를 상징하는 것이다. 이는 또한 흙과 물의 혼합물로 형성된 인간의 몸을 상징하기도 한다.

땅에 떨어진 하늘의 별/영에게 일어난 일이 무엇인가? 영은 땅에 도달하자마자 잠들어 버린다. 그리고 성서에서 '잠들다'라는 말의 다른 표현은 '죽는다'이다. 크리스마스 캐럴 중에 '그 어리신 예수'라는 곡이 있다. 첫 번째 가사 마지막 소절을 보면 "the little Lord Jesus asleep in the hay(그 어린 주 예수 곧 위에 자네)"라고 되어 있다. 태어난 하늘의 영은 마구간, 말구유에서 주무신다. 이는 《마태복음》 8장 24절에 나오는 표현대로 예수께서 배에 오르시자마자 잠드시는 것과 같은 상징이다. 《구약》의 요나 또한 배에 타자마자 배 후미진 곳에 가서 잠들어 버린다. 사도 바울은 그래서 《고린도전서》 3장 16절에서 우리 각자의 배 밑창에 계신 영의 존재를 상기시킨다. (3:16) 여러분은 자신이 하느님의 성전이며 하느님의 성령께서 자기 안에 살아 계시다는 것을 모르십니까? 영어 성경으로 읽으면 그 뜻이 보다 더 선명하다. 1 Cor. 3:16 Do you not know that you are God's temple and that God's Spirit dwells in you? 사도 바울은 우리 안에 거하는 영이 잠들어 있음 또한 우리에게 주지시킨다. "이렇게 우리는 언제나 예수의 죽음을 몸으로 경험하고 있지만 결국 드러나는 것은 예수의 생명이 우리 몸 안에 살고 있다는 사실입니다." (고후 4:10). 2 Cor. 4:10 (We are) always carrying in the body the death of Jesus, so that the life of Jesus may also be made visible in our bodies. 그러므로 이 생을 사는 우리의 사명은 더욱 분명해진다. 무엇보다도 내 몸 안에 잠들어 계신 하나님의 영/그리스도를 깨우는 일이다. 그래서 예수의 생명을 상징하는 대림절의 상징인 희망, 평화, 기쁨, 그리고 사랑이 우리를 통해 만천하에 드러내는 것이다.

예수는 《요한계시록》에서 자신을 '빛나는 샛별'로 묘사한 적이 있다. (22:16) 나 예수는 내 천사를 보내어 모든 교회에 이 모든 것을 증언하게 하였다. 나는 다윗의 뿌리에서 돋은 그의 자손이며 빛나는 샛별이다. 《Revelation》 22:16 "It is I, Jesus, who sent my angel to you with this testimony for the churches. I am the root and the descendant of David, the bright morning star." 새벽 별을 본다는 것은 새 희망, 새 시대의 도래를 꿈꾸는 것이다. 그 모든 시작이 다름 아닌 우리 속에 내재한 그리스도의 영을 인지하고 깨우고 기다리는 것이다.

《베드로후서》 1장 19절 말씀이다.

(1:19) 이것으로 예언의 말씀이 더욱 확실해졌습니다. 여러분의 마음속에 동이 트고 샛별이 떠오를 때까지는 어둠 속을 밝혀주는 등불을 바라보듯이 그 말씀에 주의를 기울이는 것이 좋겠습니다. 2 Peter 1: 19 So we have the prophetic message more fully confirmed. You will do well to be attentive to this as to a lamp shining in a dark place, until the day dawns and the morning star rises in your hearts. 아멘.

17장.
나는 Mr. Not, Not, No입니다

《요한복음》 1:6-8, 19-27

(1:6) 하느님께서 보내신 사람이 있었는데 그의 이름은 요한이었다. (1:7) 그는 그 빛을 증언하러 왔다. 모든 사람으로 하여금 자기 증언을 듣고 믿게 하려고 온 것이다. (1:8) 그는 빛이 아니라 다만 그 빛을 증언하러 왔을 따름이다.

(1:19) 유다인들이 예루살렘에서 대사제들과 레위 지파 사람들을 요한에게 보내어 그가 누구인지 알아보게 하였다. 이 때 요한은 이렇게 증언하였다. (1:20) "나는 그리스도가 아니오." 그는 조금도 숨기지 않고 분명히 말해 주었다.(1:21) 그들이 "그러면 누구란 말이오? 엘리야요?" 하고 다시 묻자 요한은 또 아니라고 대답하였다. "그러면 우리가 기다리던 그 예언자요?" 그들이 다시 물었을 때 요한은 그도 아니라고 하였다.(1:22) "우리를 보낸 사람들에게 대답해 줄 말이 있어야 하겠으니 당신이 누군지 좀 알려주시오. 당신은 자신을 누구라고 생각하고 있소?" 이렇게 다그쳐 묻자 (1:23) 요한은 그제야 "나는 예언자 이사야의 말대로 '㉠주님의 길을 곧게 하여라' 하며 광야에서 외치는 이의 소리요" 하고 대답하였다. / ㉠이사 40:3.(1:24) 그들은 바리사이파에서 보낸 사람들이었다. (1:25) 그들은 또 요한에게 "당

신이 그리스도도 아니요 엘리야도 아니요 그 예언자도 아니라면 어찌하여 침례를 베푸는 거요?" 하고 물었다. (1:26) 요한은 이렇게 대답하였다. "나는 다만 물로 침례를 베풀 따름이오. 그런데 당신들이 알지 못하는 사람 한 분이 당신들 가운데 서 계십니다. (1:27) 이분은 내 뒤에 오시는 분이지만 나는 이분의 신발 끈을 풀어드릴 만한 자격조차 없는 몸이오."

《요한복음서》는 《공관복음서(마태, 마가, 누가)》와는 달리 세례 요한이 어디에 사는지, 무슨 옷을 입는지, 또 무엇을 먹고사는지에 대해서 관심이 없다. 《요한복음서》는 회개와 용서의 상징으로서의 침례예식에도 관심이 없다. 《요한복음서》에서 세례요한이란 명칭에 눈길조차 주질 않는다. 《요한복음서》에서 그는 단순히 John "the Witness" 즉, 빛에 대한 증언자일 뿐이다.

"당신이 누구요?" 예루살렘에서 온 제사장과 레위들이 물었다. "당신 정통이요, 이단이요, 개혁가요? 당신 장로교인이요, 감리교인이요? 당신 보수적이요, 진보적이요, 아니면 순복음적이요?" 그들은 구체적인 대답을 원한다. 요한은 그들에 말에 순응하지 않는다. 그는 "나는 메시아가 아니다"라고 자신을 한번 부정한다. 묻는 사람들의 질문에는 관심이 전혀 없는 듯하다. 이들의 대화는 이렇게 전혀 엇박자를 그리며 끝까지 전개된다.

그러면 "누구? 엘리야?", "아니(I am not)", "너 선지자니?", "No" (v. 21). "도대체 너 누구니? 너에 대해서 categorize 해야지 우리의 임무가

완수되는 거야? 빨리 너의 정체를 밝혀라!" 하면서 그들은 재촉한다.

그러나 요한은 자기 자신에 대해서는 아무런 정보를 주질 않는다. 나는 "아니요, 아니요, 아니다"라고 할 뿐이다. 나는 소리야, 주의 길을 곧게 만들기 위해서 들판에서 외치는 소리야! (23절) 그 후에 요한은 빛에 대해서 증언한다. 당신들 가운데 당신들이 알지 못하는 분이 서 있지! (26절) 그런데 그분은 나도 잘 몰라! 나는 내가 모른다는 그것을 알고 있을 뿐이지. 그것이 《요한복음서》의 요점이다. 안다고 하지 말라는 것이다. 싸이는 〈강남스타일〉에서 "나는 뭘 좀 아는 놈"으로 자신을 소개하고 있지만 요한은 "뭘 좀 안다고 하지 말라"는 것이다. "나도 모르고 너도 모르는 세계에 들어가니 까불지 마" 하는 것이다. 그것이 요한이 본 종교의 세계다. 이것은 《요한복음》 전체 흐름에 중요한 포인트다. 《요한복음》에서 신, 빛, 말씀이 의인화된 예수를 전하고 있다. 다시 말하면, 사람들은 신의 아들을 알아보지 못하고 인식하지 못한다는 것이다.

최고의 유대 지식인인 니고데무스도 그 빛을 보고도 보지 못한다(3:4). 우물가의 사마리아 여인도 말씀으로서의 예수를 알아차리지 못한다(4:11–12). 이들 모두 예수의 말씀을 문자적으로는 이해했기에 그 뜻을 알지 못했다. 유대 권력의 한 축을 담당하는 제도권의 종교를 대표하는 대제사장은 하나님의 말씀으로서의 예수를 정권의 현상유지를 위협하는 존재로 이해한다(11:45–53). 예수를 십자가형에 처한 빌라도는 그에게 유대인의 왕이라는 타이틀을 맞게 붙여 주었지만 그를 참으로 이해해서가 아니라 처형의 빌미거리를 찾기 위한 방편으로서의 타이틀일 뿐이었다. 심지어는 예수라는 빛을 따르던 제자들도 복음서 처음부터 끝까지 예수에 대한 자기들의 몰이해를 드러낸다.

예수가 누구인지 모른다는 《요한복음서》 서론의 선포는 오늘 예수가 누가인지 안다고 생각하고 가르치는 오늘날의 교회에 크나큰 경종을 울린다. 우리는 하나님을 바르게 이해하고 있지! 삼위일체 교리가 있잖아. 그것만 믿어! 우리는 예수를 잘 알아. 참 하나님이요, 참인간이라는 기독론이라는 것이 우리 손에 있지 않은가. 몇천 년 연구해 내려온 조직신학이란 것도 있고! 이것 다 알려고 하면 너무 복잡하니 그냥 우리가 가르치는 예수천당 불신지옥만 믿고 따르면 되는 걸세! 성경에도 순종이 제사보다 낫다고 하질 않은가! 그러니 도마처럼 의심하지 말고….

삼위일체 교리를 믿는다는 것으로 하나님을 안다고 생각하는 것은 대단한 착각이다. 오늘날에는 하나님을 자신의 박스(frame) 속에 집어넣고 자기가 원하는 것을 이루게 하시는 존재로서만 여기는 기독교인이 많다. 그것은 마치 자기 은행 계좌에 마르지 않는 돈이라는 하나님을 넣어두고 끊임없이 자기의 욕구를 충족하는 도구로서의 하나님인 경우라 하겠다. 그러한 욕구충족이 교리화되고 반대파를 숙청하는 도구로 사용되기도 했다. 그렇게 해서 만들어진 종교로서의 기독교를 믿는 사람들은 대부분 상당히 오만하고 공격적이고 judgemental 하다.

필자가 할리팍스에 신학교를 다닐 때 많은 사람이 저에게 장로교인에서 연합교회로 옮긴 것에 관해서 물어보곤 했다. 또 필자가 연합교회 목사가 되려고 인터뷰할 때에도 같은 질문을 받은 적이 있다. 이렇게 대답했다. "나는 분열되고 흩어진 교회들을 어떻게 연합시킬 수 있을까를 공부하러 캐나다에 왔습니다. 캐나다에는 1925년에 감리교, 장로교, 그리고 회중교단이 연합해서 만든 연합교회가 있어서 그 연합정신을 배우고 싶어서 join했습니다. 그리고 이 교회는 1936년에 여성에게 안수를 준 교단입니다. 1986년에는 이곳 원주민인 First Nations People들에게 백인 조상들이 저지른 만행에 대해 공개적으로 진심 어린 사과를 했습니다. 캐나다 연합교회는 사회의 약자들을 대변하는 광야의 소리였다고 생각합니다. 아직 제가 이해하지 못하고 받아들이지 못하는 부분도 있지만 그 방향성만은 옳은 것 같아 이 교단에 가입했습니다."

그렇게 해서 연합교회에서 훈련을 받고 목사가 되었으며 또 지난 14년 동안 비(非) 한인사회에서 그리고 5년 한인 목회를 했다. 그러면서 필자가 배운 것은 우리 연합교회는 하나님을 어떤 frame 속에 가둬두지 않는구나. 다시 말하면, 생각과 사상의 자유가 보장되어 있다는 것이다. 오늘날 필자가 성경 말씀에 제 나름대로의 해석으로 여러 색깔을 칠할 수 있는 것도 연합교회 교단 안에서 제가 마음껏 뛰놀 수 있었기 때문이라고 생각한다.

연합교회는 무엇보다도 세례요한처럼 캐나다라는 드넓은 광야에서 소수자, 사회의 약자들, 또 원주민들의 아픔을 대변하는 소리로 그 사명을 감당했다고 말할 수 있다. 우리 한국 사람들은 다름과 잘못을 혼돈해하고 있는 듯하다. 영어로 '다르다'는 different이고 '잘못되다'는 wrong이다. 그런데 많은 한국 사람들은 자기하고 다르면 잘못됐다고 생각하는데 그것이야말로 정말로 잘못된 것이다. 말이 되고 상식에 바탕을 둔 세상을 먼저 만들자. 그리고 나서 예수를 믿든 말든 하자.

크리스마스 스토리가 왜 오늘날에도 위대하고 의미가 있는가? 필자는 크리스마스 스토리를 한 아이를 낳고 나서 새롭게 이해하기 시작했다. 물론, 제가 직접 아이를 낳은 것은 아니지만, 그래도 일조했으니 낳았다고 말해도 될 것이다. 이곳 캐나다에서는 아빠가 아이를 낳는 아내 곁에서 해산의 고통을 지켜볼 수 있게 해 주었다. 여하간 그 현장을 지켜보고 나서 이런 생각이 들었다. 이 세상에 어떤 아빠가 자기 아내가 아이를 낳는데 마구간(동물들이 사는 곳)에서 그 큰일을 치르도록 내버려 둘까? 그리고 세상에 어떤 엄마가 태어난 아이를 말 밥통에 척 내려놓을 수 있단 말인가? 더군다나 이 아이가 하나님의 아들이라는데….

하나님께서 자기 아들을 아직 Marriage Licence도 확보하지 못한 한 소녀를 통해 예루살렘 왕궁이 아니라 마구간에서 태어나게 하셨다. 기독교의 위대성은 바로 여기에 있다. 그리고 그 아이가 태어났을 때 주위에 요셉이나 마리아의 부모 형제 일가친척들이 찾아왔다는 이야기가 없다. 단지 들에서 밤새 양을 치며 수고한 목동들이 찾아왔고 또 동방박사라 칭하는 약간의 외국인들이 찾아와 경배를 했다. 외국에서 아이를 낳은 유학생인 아빠의 모습이 목동이요, 이방인이라는 느낌이 들었다. 그런데 그 아이를 통해서 저는 하나님을 보았다. "아! 이 세상에 baby로 태어난 모든 사람은 어여쁘고(precious) 귀하구나(noble)"라는 것을 깨달았다. "그들이 버킹엄 궁에서 태어났건, 아프리카의 작은 마을에서 태어났건, 마구간에서 태어났건, 이 세상에 태어난 모든 아이는 다 신의 아들이구나. Baby로 태어났다는 것 자체가 모든 이들에게 희망이요, 평화요, 기쁨이요, 사랑이구나!"

신의 아들도 이 세상에 오려면 한 여인의 자궁을 빌려 baby로 태어날 수밖에 없구나. 아! 이 보편적 진리를 내가 왜 지금까지 모르고 살았지! 그러면 다 똑같은 것 아닌가? 누구나 다 고귀한 것 아닌가? 누구나 다 신의 아들로 태어난 것이 아닌가? 처음으로 내 역사에 크리스마스 스토리가 2,000년 전에 유대 땅에서 있었던 한 역사적 사건이 아니라 내 사건이 된 것이다.

두 번째로 아이가 자라면서 또 그 아이하고의 관계 속에서 제가 배운 것은 한 아이를 키운다는 것은 거의 신을 경배하는 수준이라는 것이었다. 아이를 키워 본 부모들은 내 말에 동의할 것이다. 한 아이를 키우기 위해서는 부모 중 하나가 자기를 전적으로 희생해야만 한다. 24시간 정성껏 돌보아야 한다. 마음과 뜻과 정성과 힘을 다 들여야 한다. 그렇지 않으면 이 희망이라는 촛불의 아이가 언제 꺼질지 모른다. 이 평화라는 아이가 울기 시작한다. 이 기쁨이라는 아이의 생명력이 시들어간다. 이 사랑이라는 아이의 충만함에 금이 가지 시작한다. 아이를 키우셨던 부모님들께 물어본다. 당신은 누구십니까? 당신이 메시아입니까? 아니요. 당신이 엘리야요, 선지자입니까? 아니요. 그러면 당신은 누구입니까? 한 아이의 길을 곧게 하기 위해서 광야라는 이 세상에서 외치는 목소리다. 《요한복음서》의 세례요한의 외침이 바로 모든 부모님의 소리다.

대강절을 맞이하여서 한 아이가 우리 가운데 다시 새롭게 태어나게 하자. 그 한 아이가 누구인지, 또 무엇인지, 동방의 박사들처럼 찾아 나서자. 그리고 그 아이가 어떤 잠재력(potential)이 있는지 우리가 알지 못하지만 우리 가운데에서 자랄 수 있도록 공간을 허하자. 그리고 시간을 투자하자. 주 너희 하나님을 네 모든 정성과 뜻과 힘을 다하여 섬겨야 하는 것 같이 이 아이를 희망, 평화, 기쁨, 그리고 사랑으로 키워내자.

아! 나는 80이 넘어서…. 나는 세상 살 만큼 살았으니까! 그렇지 않다. 성경에 아브라함이 몇 세에 아이를 낳았는가? 아브라함 100세, 사라 90세에 낳았다고 하질 않는가! 즉, 희망을 낳은 것이다.

필자가 뉴펀들랜드에서 목회할 때 89세 할머니 결혼식을 주례한 경험이 있다. 그것이 희망이다. 희망이 있으면 내일 종말이 온다고 해도 오늘 사과나무를 심는 것이다. 우리 주변을 둘러보자. 사회에서 소외되고 버려진 작은이들을 섬기는 공동체가 되자. 우리 자녀들을 한 번 더 살펴보자. 우리 아이들의 영이 소생되고 무럭무럭 자랄 수 있도록 도와주자. 그러기 위해서 우리가 오늘 진리의 떡과 생명의 잔을 나누는 것이다. 이 떡과 잔을 먹고 마심으로써 내가 진리와 생명이 되고 그것을 세상에서 이웃과 나누는 것이 우리가 만들어가는 크리스마스 스토리다.

18장.
기쁘다 구주 오셨네: Joy to the world

《이사야》 35장

(35:1) 메마른 땅과 사막아, 기뻐하여라. 황무지야, 내 기쁨을 꽃피워
라.(35:2) 아네모네처럼 활짝 피워라. 기뻐 뛰며 환성을 올려라. 황무지도 레바논의 영광으로 빛나고 가르멜과 사론처럼 아름다워져 사람들이 야훼의 영광을 보리라. 우리 하느님의 영광을 보리라. (35:3) 늘어진 두 팔에 힘을 주어라. 휘청거리는 두 무릎을 꼿꼿이 세워라. (35:4) 겁에 질린 자들을 격려하여라. "용기를 내어라. 무서워하지 마라. 너희의 하느님께서 원수 갚으러 오신다. 하느님께서 오시어 보복하시고 너희를 구원하신다." (35:5) 그 때에 소경은 눈을 뜨고 귀머거리는 귀가 열리리라. (35:6) 그 때에 절름발이는 사슴처럼 기뻐 뛰며 벙어리도 혀가 풀려 노래하리라. 사막에 샘이 터지고 황무지에 냇물이 흐르리라. (35:7) 뜨겁게 타오르던 땅은 늪이 되고 메마른 곳은 샘터가 되며 승냥이가 살던 곳에 갈대와 왕골이 무성하리라. (35:8) 그 곳에 크고 정결한 길이 훤하게 트여 '거룩한 길'이라 불리리라. 부정한 사람은 그리로 지나가지 못하고 어리석은 자들은 서성거리지도 못하리라. (35:9) 사자가 얼씬도 못하고 맹수가 돌아다니지 못하는 길, 건짐 받은 사

람만이 거닐 수 있는 길, (35:10) 야훼께서 되찾으신 사람이 이 길을 걸어 시온 산으로 돌아오며 흥겨운 노래를 부르리라. 그들의 머리 위에선 끝없는 행복이 활짝 피어나고 온몸은 기쁨과 즐거움에 젖어들어 아픔과 한숨은 간데없이 스러지리라.

교회력에 따르면 대강절 세 번째 주일 주제는 언제나 기쁨(joy)이다. 기독교인이란 항상 기쁨이 넘치는 삶을 사는 사람들이다. 왜냐면 동방의 밝은 새벽별이 인간의 의식 속에 나타나 반짝이기 때문이다. 그 의식 속에 있는 별이 우리 인간을 고매하게 만든다. 그 별이야말로 우리 인간들을 동물의 수준에서 신의 수준으로 격상시킨다. 우리가 그 별을 찾고 기다리는 중에 우리도 신의 레벨로 성숙해지는 것이다. 그 별이 이제 하늘에 머물러 있지 않고 인간세계 땅으로 떨어진다. 그 별이 당신 속에 내 안에 모든 인간 속에 임재하신다. 새날이 펼쳐지고 새해가 우리 앞에 놓여 있다. 그러니 기쁘지 아니한가?

성탄절 캐럴 중에 〈기쁘다 구주 오셨네〉라는 찬송이 이를 잘 묘사하고 있다. 우리말 1절은 이렇게 되어 있다.

"기쁘다 구주 오셨네. 만백성 맞으라. 온 교회에 다 일어나 다 찬양하여라, 다 찬양하여라…"

원문인 영어 찬송은 다음과 같다.

Joy to the world! the Lord is come.
let earth receive her King!
Let every heart prepare him room.
온 세상에 기쁨을, 주님이 오신다.
땅이여 왕을 받아들이자!
모든 마음이여 그를 위해 방을 예비하자.

하늘의 왕자께서 이 세상에 아기로 오시는데 우리 인간들이 그를 알아보지도 못하고 그를 위한 room조차 준비하지 않고 있다는 것이 《누가복음》이 전한 예수 탄생 이야기다. 방이 없어 마구간으로 인도되지 않는가! 준비는커녕 맞아줄 마음의 공간적 여유조차 없다. 이는 한 먼 옛날 이야기가 아니라 지금 우리의 이야기다.

1절을 우리말과 영어로 다시 비교해 보자. 우리말에는 하늘의 별, 긍정적인 에너지를 구주(Savior)로 번역되어 있는데 영어에는 king 그리고 Lord, 즉 왕과 주인으로 표현되어 있다. 민주주의 이념이 사회 시민의식 속에 편만한 이때 왕이나 주인과 같은 봉건영주시대의 표현을 아직도 사용하고 있다는 것이 우리 기독교가 직면하고 있는 현주소다. 중세 봉건 영주 시대에 왕이란 타이틀은 정치적 우상의 다른 표현이다. 그리고 주인은 집안과 마을공동체의(사회적) 우상을 의미한다. 어린이들은 왕 같은 부모의 룰이 필요하고 또 자기 부모를 왕처럼 따른다. 어린 아이들은 부모의 권위와 가르침에 순종한다. 그와 마찬가지로 중세 봉건 시대와 같은 인류사의 어린 시절에는 내 밖의 어떤 우상, 룰, 법적 권위와 파워, 또 사제로 대표되는 교회의 가르침을 존중하고 따랐다.

그러나 성숙한 사회의 성숙한 어른이 되면 내 밖의 어떤 우상의 룰에 그렇게 절대적인 존경을 하지 않는다. 물론 청소년기 때는 부모의 룰과 권위에 반발하고 사회적 규범에 도전한다. 이는 외부의 권위의 힘에 의존하는 어린아이에서 성숙한 어른이 되려면 반드시 거쳐야 할 과정이다. 이 과정이 없으면 나이 들어서 헛짓한다. 어른 행세만 하지 어른이 아니다. 이 과정은 신앙의 세계에서도 예외가 아니다. 우리 한국 사람들은 신앙의 분야에 있어서 남에 대한 의존도 즉, 교회나, 사제나, 어떤 외적 룰에 너무도 집착하는 어린아이와 같은 신앙 형태를 보이는 경향이 강하다. 물론 거기서 벗어나거나 반항하면 이단이라고 정죄를 받아 왔기에 감히 다른 시도를 하지 못하게 사회적 분위기도 한몫했다. 어린이 신앙에서는 두렵다. 영원히 지옥 형벌에 산다고 생각하면….

세상과 사회는 급속도로 변하여 어른의 모습을 띠고 있는데 대부분 교회의 가르침은 어린아이의 틀 속에 머물러 있다(어른의 모습을 띠고 있지만 실제로 어른이 되지 못한 상태다). 어린아이의 신앙과 어른의 신앙의 차이점은 무엇인가? 어린아이는 외부의 룰과 권위에 복종하는 단계의 신앙이고 어른이 되면 다시 말하여, 신앙이 성숙해지면 내 안에 내재해 있는 신적 본성이 자라 외적인 권위나 힘 등을 버리고 그것을 내재화시키게 된다. 이 말은 어린아이 때의 신앙을 잃어버렸다는 것이 아니라 외부 힘으로 작동되었던 신앙의 형태에서 벗어나 내 안에 계신 그리스도, 즉 메사아가 나의 참 주인이 되어 말하고 행동하게 된다는 것이다. 사도 바울은 이를 갈라디아서에서 이렇게 표현합니다. "이제 살고 있는 것은 내가 아닙니다. 그리스도께서 내 안에서 살고 계십니다." Paul says in 《Galatians》 2:20 "and it is no longer I who live, but it is Christ who lives in me." 그리스도께서 내 안에 살고 있는 삶의 신앙을 다른 말로 하면 어떤 보상 심리를 바라고 선한 행동을 하는 것이 아니라 내가(내 안의 그리스도가) 선하기에 선한 행동을 한다는 것이다. 내가 하나님의 아들이기에 그 아들답게 산다는 것이다. 내가 진리이기에 진리를 말하고 진리와 함께 산다는 것이다. 나의 주인 나에 왕이 내 밖에 있는 것이 아니라 이제 내 안에 있는 것이다. 주일성수 하는 것이 어떤 외부적 강요나 천국행의 필수 조건이기에 지키는 것이 아니라 하나님의 아들이기에 아들이 아버지 집에 오는 것처럼 당연하고 당당한 행위라는 것이다.

우리 사회는 이와 같은 어른스러움을 18살/혹은 19살로 규정한다. 우리 사회가 18-19세가 되면 "당신이 이제 당신의 왕이요, 주인입니다"라는 것을 분명히 인식시켜 준다. 그러나 영적인 세계에서는 여전히 외부의 힘의 권위가, 다시 말하면, 내적인 왕이 성장해서 나의 주인 노릇 하는 것을 억누르고 있다. 하늘의 왕이 여전히 내 밖에서 나를 지배하고 내 의식세계를 control 하게 내버려둔다. 심지어는 이런 행동을 믿음, 좋음으로 여기기까지 한다. 크리스마스 이야기는 내 밖에 계신 왕을, 주인을 내 안으로 불러들이는 행사다. 여러분은 크리스마스를(그리스도/구세주/당신의 영적 왕의 탄생을) 한 과거의 역사로만 이해하고 받아들이고 계신가?

〈기쁘다 구주 오셨네〉 찬송을 영어로 다시 살펴보자. 우리말은 과거형으로 번역되었다. 그러나 영어는 현재형, 그리고 미래형이다. 그리고 영어에는 2,000년 전 베들레헴이 아니라 우리 각자의 몸과 마음에 earth and heart에 받아들이자고 되어 있지 않은가! 당신의 왕은 지금 어디에 계신가? "당신 안에 태어났다"라고 말하는 것이 크리스마스 메시지다. 우리가 이것을 자꾸 망각하기에 일 년에 가장 춥고 어두운 계절에 한 달 내내 거리마다 이 이야기를 계속해서 되새김질하기 위해 울려 퍼지고 있는 것이다. 만약 하늘의 왕이 내 안에 있어 나의 의식과 행동을 지배한다면 나는 도대체 누구란 말인가? 벌레만도 못한 죄인인가? 언제까지 죄인 타령만 할 것인가? 하나님의 아들로 이 세상을 당당하게 자유롭게 살아야 하지 않을까?

1719년 아이작 와츠가 작곡한 〈기쁘다 구주 오셨네〉의 2절을 살펴보자. 우리말에는 "구세주 탄생했으니 다 찬양하여라"라고 되어 있지만 원문은 다음과 같다. Joy to the earth! the Saviour reigns: 왜 기뻐합니까?

구세주가 통치하기 때문에 기뻐하라는 것이다. 그리스도/하나님의 원칙이 나를 지배 통치하면 어떤 일이 생길까?

3절을 영어로 읽어보자.

"No more let sins and sorrows grow, nor thorns infest the ground (of your thought and mind): he comes to make his blessings flow far as the curse is found, far as the curse is found."

죄와 슬픔이 더 이상 자라지 않을 것이다. 가시넝쿨도 내 마음 밭에서 더 이상 설쳐대지 않을 것이다. 그리고 저주가 있는 곳까지 그의 축복이 이르게 될 것이다.

과거와 역사 속에서만 존재하는 크리스마스가(그리스도의 탄생이) 내 안에서 일어난 사건이 되었을 때, 우리의 의식세계를 통제해 온 제국의 기독교 마법의 저주가 풀릴 것이다. 그 때 그리스도가 내 안에서 두 팔을 벌리고 두 다리에 힘을 주어 일어섰던 것이다. 이를 《이사야》에서는 이렇게 표현한다. (35:3) 늘어진 두 팔에 힘을 주어라. 휘청거리는 두 무릎을 꼿꼿이 세워라. (35:5) 그 때 소경은 눈을 뜨고 귀머거리는 귀가 열리리라. (35:6) 그 때 절름발이는 사슴처럼 기뻐 뛰며 벙어리도 혀가 풀려 노래하리라. 사막에 샘이 터지고 황무지에 냇물이 흐르리라.

바로 그 때 막혔던 모든 영적인 기가 뚫려 기쁨/기가 뿜어져 나온다는 것이다. 김흥호 목사님은 이 기쁨을 이렇게 표현하셨다. 눈을 뜨면 그 자리가 곧 천국이고 눈을 감으면 그 자리가 곧 지옥이다. 눈을 감으면 걸상이 나의 걸림돌이고 눈을 뜨면 걸상이 내가 앉을 편안한 자리다. 마음대로 해도 절대 어긋남이 없는 세계, 이것이 자유라는 것이다. 진리의 세계를 맛본 사람의 표현이다. 이것이 바로 《이사야》에서 언급한 '크고 정결한 길'이요, 거룩한 길이다. 그 길은 "부정한 사람은 그리로 지나가지 못하고 어리석은 자들은 서성거리지도 못하리라. (35:9) 사자가 얼씬도 못 하고 맹수가 돌아다니지 못하는 길, 건짐 받은 사람만이 거닐 수 있는 길"이다.

인생은 두 가지다. 동물로 살다 가느냐? 신의 아들로 살다 가느냐? 진리를 깨닫지 못하면 사람 구실을 할 수 없다. 사람의 탈을 쓴 사자요, 맹수이기 때문이다. 김흥호 어록에 있는 글이다. "인격의 성숙 즉, 인격의 완성은 진리를 깨달아야만 이루어진다. 진리를 깨달아야 인간이 된다. 진리를 깨닫기 전에는 아직 인간이라 말할 수 없다. 기독교의 죄에서 벗어난다는 것은 불교의 생로병사를 벗어나는 것이다" 《이사야》에서는 다음과 같이 표현한다. (35:10) 야훼께서 되찾으신 사람이 이 길을 걸어 시온 산으로 돌아오며 흥겨운 노래를 부르리라. 그들의 머리 위에선 끝없는 행복이 활짝 피어나고 온몸은 기쁨과 즐거움에 젖어 들어 아픔과 한숨은 간데없이 스러지리라.

그래서 〈기쁘다 구주 오셨네〉 4절은 다음과 같은 경배와 찬양으로 마무리된다.

He rules the earth with truth and grace, and makes the nations prove the glories of his righteousness and wonders of his love.

그가 세상을 진리와 은총으로 다스릴 것이다, 온 세상 나라들로 하여금 그의 공의의 영광과 사랑의 존귀를 증명하게 할 것이다.

아멘.

19장.
크리스마스 메시지

《요한 1서》 4: 7–13

(4:7) 사랑하는 여러분에게 당부합니다. 우리는 서로 사랑합시다. 사랑은 하느님께로부터 오는 것입니다. 사랑하는 사람은 누구나 하느님께로부터 났으며 하느님을 압니다. (4:8) 사랑하지 않는 사람은 하느님을 알지 못합니다. 하느님은 사랑이시기 때문입니다. (4:9) 하느님께서 당신의 외아들을 이 세상에 보내주셔서 우리는 그분을 통해서 생명을 얻게 되었습니다. 이렇게 해서 하느님의 사랑이 우리 가운데 분명히 나타났습니다. (4:10) 내가 말하는 사랑은 하느님에게 대한 우리의 사랑이 아니라 우리에게 대한 하느님의 사랑입니다. 하느님께서는 당신의 아들을 보내셔서 우리의 죄를 용서해 주시려고 제물로 삼으시기까지 하셨습니다. (4:11) 사랑하는 여러분, 명심하십시오. 하느님께서 이렇게까지 우리를 사랑해 주셨으니 우리도 서로 사랑해야 합니다. (4:12) 아직까지 하느님을 본 사람은 없습니다. 그러나 우리가 서로 사랑한다면 하느님께서는 우리 안에 계시고 또 하느님의 사랑이 우리 안에서 이미 완성되어 있는 것입니다. (4:13) 하느님께서 우리에게 당신의 성령을 주셨습니다. 그러므로 우리가 하느님 안에 있고 또 하느님께서 우리 안에 계시다는 것을 알 수 있습니다.

필자가 크리스마스 이야기를 사랑하는 이유 중의 하나는 그리스도/메시아 the messenger from God께서 이 땅에 오셨는데 슈퍼맨으로 오신 것이 아니라 한 어린아이의 몸을 입고 오셨다는 것이다. 하늘의 별/왕이 이 땅에 오는 방법은 어머니의 자궁을 통해서 어린아이로 오는 것 말고는 없다. 신의 아들도 예외가 아니라는 것이다. 그렇지 않으면 지구를 침범할 가능성이 있는 외계인이거나 E.T.일 것이다.

필자가 크리스마스 이야기를 좋아하는 또 다른 이유는 신의 아들이 태어났는데 버킹엄 궁이나 오성 딱지가 붙은 최고급 호텔이 아니라 동물들이 득실거리는 마구간에서 태어났다는 것이다. 이제 오십을 갓 넘긴 인생 경험을 가진 사람으로서 이런 말씀을 드린다는 것이 송구스럽지만 한국에서 28년 그리고 캐나다에서 25년, 한국 사람들과 비 한국 사람들과 살면서 내린 결론은 이 땅이 바로 동물의 세계 마구간 같다는 것이다. 적자생존의 동물의 법칙이 강자가 약자를 억누르는 법칙이 어디나 적용되고 있다는 것이다.

그러나 크리스마스가 주는 참 메시지는 그러한 동물의 세계에 신의 아들이 탄생했다는 것이다. 그것이 바로 복음/Good News이다. 비록 동물의 세계에 우리가 태어났지만 사랑이 그 가운데 있으니 이 세상을 살아갈 수 있다는 것이다. 그러면 그 사랑을 어떻게 경험할 것인가? 사랑은 관계 속에서 존재하고 경험할 수 있다. 하나님을 어떻게 알 수 있을까? 하나님의 사랑이란 도대체 무엇이란 말인가? 라는 질문에 가장 좋은 해답은 우리가 관계 속에 들어가 보는 것 말고는 다른 방법이 없다. 필자는 기독교 집안에서 태어나고 자랐다. 소위 말하는 모태 신앙인이다. 아버지도 목사요, 할아버지도 목사였다. 그래서 어려서부터 사랑, 사랑, 사랑에 대해서 줄곧 듣고 자랐다. 그러나 그것은 어디까지나 개념으로서의 사랑이지 내가 체득한 사랑은 아니었다.

그러면 언제 사랑을 체득했느냐? 아빠가 되면서부터였다. 캐나다에 와서 목사가 되기 위해 핼리팩스에 있는 신학대학원에 다닐 때 아빠가 되었다. 아이를 낳고 난 다음에 가장 큰 변화는 논리로서의 신학 공부가 아니라 삶 속에서, 관계 속에서의 신학이 되었다는 것이다. 저도 몰랐었는데 제 안에 무조건적인 신적 사랑이 내재해 있다는 것을 발견했다. 'unconditional and overflowing love'가 내 안에도 있다는 것이다. 청춘 남녀 간의 사랑, 부부간의 사랑은 상호적이고 보완적이고 주고받는 관계 속에서 형성되고 자라지만, 부모와 자식 간의 사랑은 일방적이고 절대적이고 무조건적이라는 것을 깨닫게 되었다. 그리고 그 사랑은 메마르지도 않고, 닳아 없어지지도 않는다는 것이다. 생명수가 내 안에서도 흘러나오는구나! 그런 감격을 맛보았다. 그런 것이 내 안에도 있었단 말이야!

그러면서 갖게 된 질문이 그러면 '도대체 이 사랑의 근거는 어디에서 출발한단 말인가?'였다. 신학을 공부하는 사람이니까 바이블을 읽는 중에 《요한 1서》 4장을 접하면서 그 해답을 가지게 되었다.

《요한 1서》 4장

(4:7) 사랑하는 자들아 우리가 서로 사랑하자 사랑은 하나님께 속한 것이니 사랑하는 자마다 하나님으로부터 나서 하나님을 알고 (4:8) 사랑하지 아니하는 자는 하나님을 알지 못하나니 이는 하나님은 사랑이심이라 (4:9) 하나님의 사랑이 우리에게 이렇게 나타난 바 되었으니 하나님이 자기의 독생자를 세상에 보내심은 그로 말미암아 우리를 살리려 하심이라 (4:10) 사랑은 여기 있으니 우리가 하나님을 사랑한 것이 아니요 하나님이 우리를 사랑하사 우리 죄를 속하기 위하여 화목 제물로 그 아들을 보내셨음이라 (4:11) 사랑하는 자들아 하나님이 이같이 우리를 사랑 하신즉 우리도 서로 사랑하는 것이 마땅하도다.

동물의 몸을 입고 태어난 인간은 누구나 selfish 할 수밖에 없다. 물욕, 성욕, 명예욕 다 갖고 싶어 하는 것이 우리 인간들이다. 필자도 예외가 아니다. 저의 아버지께서 저의 교회 위임식을 멀리 한국에서 Youtube를 통해서 지켜보시고 제게 전화를 걸어 왔다. 그러시면서 하시는 말씀이 돈, 여자, 명예 조심하라고 말씀하셨다(목사는 세상 사는 재미가 별로 없을 것 같다). 골프 조심하라는 말씀은 하지 않아서 다행이었다. 여하간 인간은 저를 포함해서 Selfish하고 여러 유혹에 현혹될 수 있다. 그러나 아무리 Selfish한 사람도 자기 자식에게는 unselfish하고 자기를 희생하기까지 한다.

교회란 무엇인가? 하나님을 믿는다는 것이 무엇인가? 라고 했을 때 가장 근접한 대답 중의 하나는 내 자식에게 향한 그 unselfish한 희생정신과 삶을 나의 이웃과 사회 공동체로 확대하는 것이라고 말할 수 있다.

당신의 크리스마스 스토리는 무엇인가? 당신의 하나님은 지금 어디에 계신가? 하나님의 사랑은 지금 어디에 있는가? 이는 다 같은 질문이다. 하나님의 사랑은 내 안 깊은 곳에 내재해 있다. 그리고 내 크리스마스 스토리는 관계 속에서 내 안 깊은 곳에 있는 사랑을 샘솟듯이 퍼부어 주는 것이다. 교회란 그런 각자 속에 내재된 하나님의 무조건적 사랑을 배우고 익혀서 사회에 나가서 나누고 펴 주는 일을 감당하는 것이 교회의 사명이요, 하나님의 뜻이다. 그래서 크리스마스 이야기는 언제나 아름답고 가치 있고 영속할 것이다. 사랑이 이 세상에 존속하는 한….

부록 :
신앙에 정면으로 질문하기

20장.
성서를 역사적으로 읽기
– 야이로의 딸과 혈우병 여인 이야기를 중심으로

《마가복음》 5장 22–43

(5:22) 야이로라 하는 한 회당장이 와서 예수를 뵙고 그 발 앞에 엎드려
(5:23) "제 어린 딸이 다 죽게 되었습니다. 제 집에 오셔서 그 아이에게 손
을 얹어 병을 고쳐 살려주십시오" 하고 애원하였다. 그래서 예수께서는 그
를 따라 나서시었다. (5:24) 그 때에 많은 사람들이 예수를 둘러싸고 밀어대
며 따라갔다. (5:25) 그런데 군중 속에는 열두 해 동안이나 하혈증으로 앓
고 있던 여자가 있었다. (5:26) 그 여자는 여러 의사에게 보이느라고 고생만
하고 가산마저 탕진했는데도 아무 효험도 없이 오히려 병은 점점 더 심해졌
다. (5:27) 그러던 차에 예수의 소문을 듣고 군중 속에 끼여 따라가다가 뒤
에서 예수의 옷에 손을 대었다. (5:28) 그 옷에 손을 대기만 해도 병이 나으
리라고 생각하였던 것이다. (5:29) 손을 대자마자 그 여자는 과연 출혈이 그
치고 병이 나은 것을 스스로 알 수 있었다. (5:30) 예수께서는 곧 자기에게
서 기적의 힘이 나간 것을 아시고 돌아서서 군중을 둘러보시며 "누가 내 옷
에 손을 대었느냐?" 하고 물으셨다. (5:31) 제자들은 "누가 손을 대다니요?
보시다시피 이렇게 군중이 사방에서 밀어대고 있지 않습니까?" 하고 반문

하였다. (5:32) 그러나 예수께서는 둘러보시며 옷에 손을 댄 여자를 찾으셨다. (5:33) 그 여자는 자기 몸에 일어난 일을 알았기 때문에 두려워 떨며 예수 앞에 엎드려 사실대로 말씀 드렸다. (5:34) 예수께서는 그 여자에게 "여인아, 네 믿음이 너를 살렸다. 병이 완전히 나았으니 안심하고 가거라" 하고 말씀하셨다. (5:35) 예수의 말씀이 채 끝나기도 전에 회당장의 집에서 사람들이 와서 회당장에게 "따님이 죽었습니다. 그러니 저 선생님께 더 폐를 끼쳐드릴 필요가 있겠습니까?" 하고 말하였다. (5:36) 예수께서는 이 말을 들은 체도 아니하시고 회당장에게 "걱정하지 말고 믿기만 하여라" 하고 말씀하셨다. (5:37) 그리고 베드로와 야고보와 야고보의 동생 요한 외에는 아무도 따라오지 못하게 하시고 (5:38) 회당장의 집으로 가셨다. 예수께서는 거기서 사람들이 울며불며 떠드는 것을 보시고 (5:39) 집 안으로 들어가셔서 그들에게 "왜 떠들며 울고 있느냐? 그 아이는 죽은 것이 아니라 잠을 자고 있다" 하고 말씀하셨다. (5:40) 그들은 코웃음만 쳤다. 예수께서는 그들을 다 내보내신 다음에 아이의 부모와 세 제자만 데리고 아이가 누워 있는 방에 들어가셨다. (5:41) 그리고 아이의 손을 잡고 "탈리다 쿰" 하고 말씀하셨다. 이 말은 '소녀야, 어서 일어나거라'라는 뜻이다. (5:42) 그러자 소녀는 곧 일어나서 걸어 다녔다. 소녀의 나이는 열두 살이었다. 이 광경을 본 사람들은 놀라 마지않았다. (5:43) 예수께서는 그들에게 이 일을 아무에게도 알리지 말라고 엄하게 이르시고 소녀에게 먹을 것을 주라고 하셨다.

지금까지는 성서를 은유와 알레고리로 읽고 말씀의 진리를 찾는 작업을 했는데 이번 편에서는 성서를 역사적 접근 방법으로 읽고 그 안에 숨겨진 보물을 찾고자 한다. 먼저, 역사적이란 말에 대한 정의를 짚고 넘어가 보자. 흔히들 역사적이라 하면 오늘날 사실성(factuality)과 동일시하는 경향이 있다. 그것은 필자가 의미하는 역사적이 아니다. 역사적이라 함은 성서의 저자가 고대 근동의 사회적 문화적 상황 속에서 어떤 의도와 목적을 가지고 성서의 언어를 사용하고 있는지를 알아보는 것을 의미한다.

《마가복음》 5장 본문으로 들어가 보자. 먼저 본문을 이해하기 위해서는 《마가복음서》의 문학적 구조를 이해할 필요가 있다. 아주 간단하다. 《마가복음서》는 sandwich framework를 가지고 있다. 빵이 있으면 그것을 둘로 나누고 그사이에 햄 · 치즈버거와 같은 것을 넣듯이 다른 이야기를 집어넣는 구조를 의미한다. 오늘 본문은 그런 샌드위치 구조의 전형적인 본보기다. 한 소녀와 한 여인에게 일어났던 소위 말하는 기적 사건이다. 하나는 예수께서 야이로의 딸을 죽음에서 살리신 기사이고 또 다른 하나는 혈우병에 걸린 여인을 치유해 주신 예수의 이야기다. 이 두 이야기가 샌드위치처럼 서로 연관되어 있기 때문에 이 둘을 서로 전혀 다른 이야기로 떼어 놓지 않고 읽으려 한다. 샌드위치는 한입에 물어야 제맛이 나는 것처럼.

이 이야기의 구조는 다음과 같다.

사건 하나가 전개됨: 예수께서 야이로의 딸을 구해달라는 요청을 받고 그곳으로 향함(22절-24절).

두 번째 사건이 삽입됨: 예수께서 길을 가는 도중에 혈우병에 걸린 여인을 치유함.

그리고 첫 번째 사건으로 돌아감: 예수께서 그 집에 도착하여 죽은 야이로의 딸을 살려냄.

이 두 이야기가 어디에 서로 연관성이 있는가? 둘 다 여인이라는 것 말고…. 야이로의 딸이 몇 살이었나(몇 살에 죽었는가)? 12살이다. 혈우병에 걸린 여인은 몇 년 동안 그 병으로 고통을 받고 있었는가? 12년 동안이다. 이 보물 상자의 비밀을 푸는 패스워드는 12에 있다. 고대 근동에서 보통 12살이 되면 소녀는 첫 번째 월경을 경험하고 그로 인해서 여인으로 취급받기 시작한다. 삽입된 이야기를 보자. 예수께서 혈우병, 월경이 멈추질 않고 계속 나오는 병에 12년 동안 시달리고 있는 여인을 치유해 준다. 예수 당시, 또는 《마가복음》이 쓰일 당시의 유대 정결법에 의하면, 월경은 깨끗지 못한 것(impure and unclean)으로 간주했다.

이 법은 《레위기》 15장 19절에서 27절에 있다.

(15:19) 여인이 피를 흘리는데, 그것이 월경일 경우에는 칠 일간 부정하다. 그 여인에게 닿은 사람은 저녁때가 되어야 부정을 벗는다. (15:20) 그 여인이 불결한 기간 중에 누웠던 잠자리는 부정하다. 그 여인이 걸터앉았던 자리도 부정하다. (15:21) 그 여인의 잠자리에 닿은 사람은 옷을 빨아 입고 목욕을 해야 한다. 그래도 저녁때가 되어야 부정을 벗는다. (15:22) 그 여인이 앉았던 자리에 닿은 사람도 옷을 빨아 입고 목욕을 하여야 한다. 그래도

저녁때가 되어야 부정을 벗는다. (15:23) 그 여인이 누웠던 자리나 앉았던 것 위에 있는 물건에 닿은 사람도 저녁때가 되어야 부정을 벗는다. (15:24) 그 여자와 한자리에 든 남자는 그 여인의 불결이 묻었으므로 칠 일간 부정하다. 그 남자가 누웠던 잠자리도 부정하다. (15:25) 여인이 월경 때가 아닌데도 오랫동안 하혈하거나 월경이 더 오래 계속되거나 하면, 하혈하는 동안은 월경하는 때처럼 계속 부정하다. (15:26) 그 여인이 하혈하는 동안 누웠던 잠자리는 월경 때 누웠던 잠자리와 마찬가지로 불결하다. 또 그 여인이 걸터앉았던 곳도 월경 때 부정하듯이 부정하다. (15:27) 그런 것에 닿은 사람은 부정하다. 그는 옷을 빨아 입고 목욕을 해야 한다. 그래도 저녁때가 되어야 부정을 벗는다.

《레위기》 12장에는 여인의 출산에 대한 정결법이 있다. 여인이 남자아이를 나면 7일간 부정하고 또 정결해지는 데 33일을 기다려야 한다. 여인이 여자아이를 낳으면 그 두 배인 14일간 부정하다고 여겨지고 정결해지는 데는 66일이 걸린다. 성서를 문자적으로 믿고 실천하던 시기다. 남녀차별이 성서에 분명히 있다. 남녀차별 주장하고 싶으신 분《레위기》 12장 인용하시라.

질문: 《레위기》 12장 15장에 있는 정결법이 절대적이고 불변하고 영속한 하나님의 명령(법)인가? 아니면 과학적인 그리고 의학적인 상식과 지식이 모자랐던 시대에 특히 가부장적 시대에 남자들에 의해서 만들어진 인간의 작품(human product)인가? 필자의 의견을 말하라면, 이는

가부장적인 사회(patriarchal world)에서 남자들이 사회 특히 여성을 통제하기 위한 수단으로 신의 권위를 남용한 human product라고 말하고 싶다. 아프가니스탄의 탈레반 정권하에서의 여인들의 상황이 오늘 본문의 상황과 유사하지 않을까 추측해 본다. 《마가복음서》의 문학적 구조를 넘어선 신학적 암시/의도를 고려해 보자. 마가의 저자는 여자로 태어나 첫 월경을 경험하는 12살 되면 그것은 여자로서는 죽음과 같은 삶이라고 보는 것이다. 돌아다니는 시체–좀비(Walking dead)로 취급받는다는 것이다. 우리말로 하면 산송장 취급받는다는 의미다. 그것을 누구나 보편적으로 받아들이는 당시의 사회적 norm(전형)이었다. 야이로가 예수께 와서 뭐라고 간청하나?

"내 딸이 거의 죽게 되었습니다. 살려 주세요. 제가 제 딸을 지난 12년 동안 아들처럼, 다른 아들과 똑같이 키웠는데 이제 제가 제 딸에게 그런 특권을 그런 사랑을 더 이상 베풀 수 없습니다. 우리 사회 규범이 첫 월경을 하면, 길을 다닐 때 얼굴을 차도르로 가려야 하고, 남정네 앞에서는 쥐 죽은 듯이 조용히 있어야 사는 세상입니다. 제 딸이 그런 세상 살아서 뭐하냐면서 차라리 죽는 것이 낫겠다고 식음을 전폐하고 방에 누워 있습니다. 빨리 오세요. 예수님."

필자가 왜 이런 상상 문구를 추론하여 첨가했냐면, 예수께서 깨어난 아이를 위해 처음으로 하신 말씀이 먹을 것을 주라고 하셨기 때문이다. 만약의 야이로의 딸이 문자적으로 죽었다면 야이로가 예수를 찾아가기보다는 장례식을 장의사를 찾아가야 했다. 《마가복음서》 저자의 의도를 감지하는 것이 중요하다. 마가는 세상을 구원하러 오신 예수를 그 당시 사회의 가장 관습적인 악습에 직면하게 만들고 있다. 예수를 따르고 믿는다는 것은 바로 그런 것이다. 사회적 악습, 권력과 세습에 의해서 자행되는 악행에 대해 눈감고 순응하는 것이 아니라 예수처럼 직면하고 고쳐나가는 것이다. 한국 현대사에 장준하 같은 분이 예수의 제자도의 삶을 살다 가신 분이라고 말하고 싶다. 몇 해 전에 그분의 시신을 이장하는 과정 중에 두개골이 망치와 같은 둔기에 의해 함몰된 흔적이 나왔는데 이는 그 당시 권력이 얼마나 악했는지를 우리에게 다시 한번 자각시켜 주었다. 폭력을 행사하는 사람들은 그 목적이 언제나 진실을 왜곡하기 위해서다. 그 진실을 왜곡한 세력의 딸이 대통령이 되어 국정을 농단해도 지지하는 무지한 자들이 많다는 것에 서글픔을 넘어 절망하게 된다.

본문을 계속 따라가 보자. 야이로의 딸을 구하러 가는 길에 부정한 여인의 손길이 예수의 옷자락을 만졌다. 첫 번째, 그 결과 예수도 부정한 사람이 된 것이다. 최소한 그날 저녁까지는 예수도 부정한 사람이다. 다시 말하면, 그날 저녁까지 예수도 격리(quarantined)돼야만 한다. 부정하기 때문에 격리 수용, 혹은 사회와 공동체 바깥에 나앉아 있어야 한다. 그것이 그 사회 규범이다. 야이로의 딸도 지금 가족과 사회로부터 격리 수용당하고 있는 중이다. 예수께서 그 집에 들어가셨을 때, 자기의 측근 제자와 그 아이의 부모만 대동하고 아이의 방에 들어간 것으로 되어 있다. 혈우병에 걸린 여인도 12년 동안이나 가족과 사회로부터 격리되어 살아온 여자다. 치료하지 못 하면 평생 그렇게 살다 갈 운명이다. 정상적인 삶 자체가 불가능한 walking dead, 산송장과 다름없다. 그녀가 예수의 옷자락을 만졌을 때 예수의 반응이 어땠는가? "누가 내 옷을 만졌지?", "누가 의도적으로 내 옷을 만진 것 같은데?" 이때 제자들의 반응이 더 흥미롭다. "사람들이 사방에서 당신을 만나려고 하는데 이 판국에 예수님 왜 저러시지?" 그러자 33절에 여인이 등장해서 자초지종을 이야기한다. She came in fear and trembling, fell down before him, and told him the whole truth. public에서 한 여인이 외간 남자를 그것도 부정한 여인이 외간 남자의 옷을 만졌다는 것은 모세 법의 위반이요, 돌에 처맞아 죽을 상황이다. 그녀가 두려움에 떨며 예수 앞에 엎드린 이유다. 그녀의 고백 이후의 예수의 반응은 어떠했는가? "내가 너 때문에 오늘 밤까지는 부정한 사람이 되었구나"였는가? 아니다. "딸아! 네 믿음이 너를 구했다. 가라. 너는 이제 깨끗한 여인이다." 예수께서 그녀를 여인(woman)이라고 부르지 않고 딸이라고 부르셨다. 마치 야이로가 병든 자기 딸을 아끼며 부르는 것처럼(영어 성경과 다른 모든 한글 번역에는 daughter, 딸로 되어 있음. 공동번역만이 여인으로 옮김). 여하간 예수의 선언은 참으로 복된 말씀 복음이다. 그 당시 여인들에게는 특히! 성서에 기록된 기적에 대해서 단순하게 문자적 기적으로 간주하고 믿고 넘어가지 말자. 그러나 한편 인간의 감성, 이성, 지성의 세계를 넘어선 영성의 세계에 대한 경외감을 가지고 열린 마음으로 읽자.

오늘 본문에서 《마가복음서》 저자는 혈우병을 앓던 여인이 예수의 옷자락을 만져 병을 낳았다는 데에 초점을 두질 않고 예수의 선포, 네 믿음이 너를 구했다는 선언과 소위 정결법이라는 관습법을 타파하는 예수의 행동에 focus를 두고 있다는 것이다. 치유되었어도 정결법에 의하면 그 여인은 7일간 부정한 여인으로 살아야 한다. 그리고 그 여인으로부터 touch를 받은 예수 또한 그 날 저녁까지는 부정한 사람이다. 예수의 행동/말씀은 그 무슨 소리냐! 그러면서 그 여인에게, "가라, 너는 깨끗한 여인이다"라고 하신 것이다. 이 얼마나 위험천만한 예수의 행위/선포인가? 그 당시 남자들과 사회 지도층들에게!

예수께서 야이로의 집에 도착했다. 사회 규범에 의하면 야이로의 딸은 사회적으로, 문화적으로, 상징적으로 죽은 거나 마찬가지다. 그러나 남녀를 동등하게 창조하신 하나님의 눈 또 그의 아들 예수의 눈에는 그 딸은 죽은 것이 아니라 잠들어 있을 뿐이다. 그 사회의 특권을 누리는 사람들이 그런 예수를 향하여 비웃는다. 신체적으로 죽은 사람은 환생(resuscitate)될 수 없다. 그러나 잠자는 사람은 언제든지 누가 깨우면 일어날 수 있다. 예수께서 잠자는 딸에게 "달리다쿰, 소녀야 일어나렴! 너의 첫 번째 월경은 저주의 사인이 아니란다. 그것은 네가 신체적으로 어른이 되었다는 그런 자연 현상이란다. 내 하늘 아버지가 사람/여인을 그렇게 만드셨지. 못된 어른들이 자기 편하려고 그렇게 만든 법 우리가 깨부숴야 하지 않겠니? 그러니 일어나라!" 이것이 바로 성서가 말하는 부활, resurrection이다. 하나님의 뜻에 기반을 두고 다시 일어남을 말한다(Stand up again on the ground of the will of God!). 그래서 우리는 오늘 부활의 메시지를 경험한다. 하나님의 살아 있는 말씀에 stand up again한 소녀의 모습을 보고 있는 것이다. 오늘 성서에 나오는 두 여인의 이름이 기록되어 있지 않다. 이 말은 이 이야기는 남자나 사회 구조적 모순으로부터 억압당하고 고통받는 이름 없는 모든 여인에게 다 적용되는 내용이라는 뜻이다. 그러한 여인들에게 하나님의 아들인 예수는 오늘도 "달리다쿰–일어나라" 하신다.

21장.
당신이 믿는 하나님은 어떤 character를 가지고 계신가?

《Matthew》 20:1–16

(20:1) 천국은 마치 품꾼을 얻어 포도원에 들여보내려고 이른 아침에 나간 집 주인과 같으니 (20:2) 그가 하루 한 데나리온씩 품꾼들과 약속하여 포도원에 들여보내고 (20:3) 또 제삼시에 나가 보니 장터에 놀고 서 있는 사람들이 또 있는지라 (20:4) 그들에게 이르되 너희도 포도원에 들어가라 내가 너희에게 상당하게 주리라 하니 그들이 가고 (20:5) 제육시와 제구시에 또 나가 그와 같이 하고 (20:6) 제십일시에도 나가 보니 서 있는 사람들이 또 있는지라 이르되 너희는 어찌하여 종일토록 놀고 여기 서 있느냐 (20:7) 이르되 우리를 품꾼으로 쓰는 이가 없음이니이다 이르되 너희도 포도원에 들어가라 하니라 (20:8) 저물매 포도원 주인이 청지기에게 이르되 품꾼들을 불러 나중 온 자로부터 시작하여 먼저 온 자까지 삯을 주라 하니 (20:9) 제십일시에 온 자들이 와서 한 데나리온씩을 받거늘 (20:10) 먼저 온 자들이 와서 더 받을 줄 알았더니 그들도 한 데나리온씩 받은지라 (20:11) 받은 후 집 주인을 원망하여 이르되 (20:12) 나중 온 이 사람들은 한 시간밖에 일하지 아니하였거늘 그들을 종일 수고하며 더위를 견딘 우리

와 같게 하였나이다 (20:13) 주인이 그 중의 한 사람에게 대답하여 이르되 친구여 내가 네게 잘못한 것이 없노라 네가 나와 한 데나리온의 약속을 하지 아니하였느냐 (20:14) 네 것이나 가지고 가라 나중 온 이 사람에게 너와 같이 주는 것이 내 뜻이니라 (20:15) 내 것을 가지고 내 뜻대로 할 것이 아니냐 내가 선하므로 네가 악하게 보느냐 (20:16) 이와 같이 나중 된 자로서 먼저 되고 먼저 된 자로서 나중 되리라

당신의 하나님은 어떠한 character(성격, 특성/속성)을 가지고 계신가? 21세기를 사는 우리는, "나는 하나님/신을 믿는다"라는 단순한 고백이면 족하다고 말할 수 없는 시대에 살고 있다. 하나님의 특성을 아는 것이 필요한 때에 살고 있다. 하나님 하면 일반적으로 떠오르는 개념이 "하나님은 사랑이시다"이다. 《요한 1서》 4장 7-8절에 이렇게 기록되어 있다. "사랑하는 자들아 우리가 서로 사랑하자 사랑은 하나님께 속한 것이니 사랑하는 자마다 하나님으로부터 나서 하나님을 알고 사랑하지 아니하는 자는 하나님을 알지 못하나니 이는 하나님은 사랑이심이라(The one who does not love does not know God, for God is love. 1 John 4:8)."

예수께서 전해 주신 탕자의 비유/탕자 아버지의 비유는 하나님 사랑의 무조건성에 대해서 말하고 계신다. 그러나 하나님의 특성은 오직 사랑이다, 이렇게 사랑만을 강조하는 것은 하나님을 바로 이해하는 것이 아니다. 이것은 동전의 한 면만을 보고서 전체를 보았다고 하는 것과 같

다. 동전의 다른 면, 하나님의 또 다른 주요한 character 중의 하나는 바로 정의다. 새도 두 날개가 있어야 하늘을 날고, 자전거도 두 개의 바퀴가 있어야 똑바로 굴러가듯이, 우리가 믿는 하나님에 대한 이해도 사랑을 강조한 것만큼 정의도 강조해야만 하는 것이다. 그래서 오늘은 하나님의 정의/공의에 대해서 말해 보고자 한다.

하나님의 정의/공의라는 말을 들을 때 어떤 생각 혹은 Image가 떠오르는가? 혹시 마지막 세상 심판 날에 옥황상제처럼 하늘 보좌에 앉아서 의인들에게는 상을 주고 세상 죄인들에게는 영원 형벌을 주시는 하나님의 이미지가 떠오르는가? 물론 성서에 그런 이미지로서의 하나님의 공의도 있다. 그런데 우리 안에 우리가 무언가를 잘못하면 벌을 주시고, 우리의 원수를 우리를 대신해서 복수하시는 정의의 하나님이라는 image 말고 다른 이미지가 있는가? 이런 정의, 즉 법의 심판자보다 급진적한(radical)한 이미지를 가진 하나님의 공의가 있는데 바로 균등한 분배의 정의로서의 하나님이다.

대부분의 기독인은 정의의 하나님을 분배자(distributer)로 이해하기보다 벌주고 상 주시는 자, 혹은 복수하시는 자로 이해하는 경우가 많다. 다시 한번 강조한다. 두 가지 모두 성서에, 인간의 역사 속에서 그리고 우리들의 일상생활 속에서 아주 강력하게 자리매김하고 있는 하나님의 특성 중 하나다. 2003년 부시와 그의 행정부가 이라크를 공격

할 때, 국제법이 반대하고 UN의 거의 모든 나라가 반대함에도 불구하고 마치 자기가 하나님의 정의의 화신인 양 이라크를 침공해서 그 나라를 쑥대밭으로 만들어 놓고 말았다. 종교적 근본주의(fundamentalism)가 강한 미국의/한국의/캐나다의 기독교 신앙인들은 그 침공을 대부분 찬성했다. 다행히 그 당시 캐나다는 Liberal 정권에 의해서 연방정부가 운영되고 있어서 미국이 주도하는 이 사악한 전쟁에 참여하는 것을 거부했다. 미국 정부의 노골적인 압력, 막대한 경제적 손실, 국경선에서의 캐나다 시민들이 겪어야 할 불편함에도 불구하고 이 침공에 참여하지 않았다. 그 반면에 한국의 노무현 정권은 미국의 한마디에 우리의 아들딸들을 전쟁으로 내몰았다. 외국에 살면서 한국인으로 아주 부끄럽고 수치스러웠다. 거기에 대한 상과 벌은 반드시 있을 것이다. 전쟁을 많이 치른 제국은 언제나 망해 왔듯이.

또 다른 예가 있다. 많은 캐나다인은 자유당 내각의 일부 의원들이 세금을 남용한 스캔들을 다룬 the Gormory's report에 아주 분개했고 그 이후 한동안 선거 때마다 자유당에 정을 주질 않았다. 물론 어떤 정권이든지 장기집권하면 부패하게 마련이다. 대부분 캐나다인의 마음속에는 '세금은 집권세력인 당신들이 마음대로 주물럭거릴 수 있는 돈이 아니다'라는 생각이 있다. 세금은 국민들 호주머니에서 나왔고 그래서 국민들을 위해서 공정하게 쓰여야 한다는 공정한 분배의식의 시민 정신을 가지고 있는 사람들이 캐나다인이다. 그 액수의 유무를 떠나서. 세금으로 거두어들인 돈으로 정치를 하는 당신들이 이 돈을 바르고 공정하게 사용하지 않으면 우리가 다음 선거 때 심판할 것이라는 즉, 벌주는 하나님과 공정하게 분배하시는 하나님의 정의가 시민의식 속에 묻어나 있는 나라 중의 하나가 바로 캐나다라는 것을 피부로 느끼며 산다. 그러하기에 세계 150여 개국의 다른 나라의 국적을 가진 사람들이 모여서 자신들의 정체성을 지키면서 이처럼 평화롭게 살고 있는 것 아니겠는가! 당신이 20여 년 동안 캐나다에서 비 한인사회에서 살면서 배운 것이 무엇이냐고 물으면 공정하게 분배하는 시민의식이 이 사람들 속에 생활화되어 있다는 것이라고 말할 것이다. 분배하는 하나님의 정의의식이 있다는 사람들 속에 있다. 한국의 대선을 맞이하여서 경제 민주화가 issue화된다고 하는데 그 경제 민주화가 구호가 아니라 구체적으로 삶 속에서 실현화되려면 공정하게 분배하시는 하나님의 정의 의식이 시민들 마음속에 먼저 자리 잡아야 한다. 특히, 기독인들의 마음과 의식 속에 있어야 한다. 자기만 복 받고 천국 아랫목에서 영생복락 누리겠다는 것은 예수하고 아무런 상관이 없고 그런 사람들이 가는 천국 필자는 분명히 거절한다.

우리는 왜 바르게 분배하고 살아야 하는가? 그 근거가 어디에 있는가? 바로 성경 첫 장을 open 하면 《창세기》 1장 1절이 있는데 태초에 하나님께서 천지 만물을 창조하셨다는 이 창조 신앙에 근거한다. 왜 창조 신앙이 중요한가? 진화론을 주장하는 과학자들과 싸워서 이기기 위해서? 아니다. 창조 신앙이 중요한 이유는 "만약 이 세상을 하나님이 창조했다면 이 세상은 하나님 것이지 내 것이 아니다"라는 고백이기 때문이다. 만약에 하나님의 특성이 정의이고 그리고 이 세상이 하나님 것(belonging to God)이라면 이 세상은 반드시 모든 하나님의 창조물을 위해서(인간을 포함해서) 공의롭게 운영돼야 하고 또 공평하게 서로 나누어 사용되어야 한다. 좋다. 나는 하나님의 정의를 믿는다. 나는 하나님께서 이 세상을 창조했다는 것을 믿는다. 그러면 어떻게 하는 것이 공평하게 서로 나누고 분배하고 사는 것인가? 오늘 본문이 바로 그 방법론을 이야기하고 있다.

오늘 《마태복음》 20장에 하나님의 아들인 예수에 의해서 선포된 천국(Kingdom of heaven/God)은 하나님의 정의(분배의 정의)가 실현되는 곳으로 그려지고 있다. 여러분이 꿈꾸는 천국의 image는 어떠한가? 금으로 도로 포장이 되어 있는 곳인가('기운차게 황금길을 걸으면…'이라는 찬송가 곡조 때문에)? 그런 길을 걸으면 눈이 부셔서 걷기 힘들고 넘어지면 뇌진탕 걸리기 쉽다. 그런 유치한 믿음/신앙 접으시고 천국은 하나님의 분배 정의가 실현되고 있는 곳으로 여기시라. 이 땅에 그런 곳과 가장 근접한 곳이 캐나다라고 생각한다.

오늘 예수가 말한 비유의 포도원 농장주는 하나님을 직접적으로 묘사하고 있다. 이른 아침, 이 농장주가 자기 포도원 농장의 일꾼을 고용하려고 market으로 나간다. 그래서 당시 하루 품삯인 한 데나리온을 주기로 서로 동의를 하고 농장으로 보낸다. 그리고 아침 9시에 다시 밖에 나가서 일이 없어 서성거리는 사람들을 만나 자신의 농장에 가서 일하게 한다. 12시에 또 나가고, 3시에 또 나가고, 그리고 심지어는 5시에 같은 장소에 가서 서성이는 사람들을 만나 자기 농장에 가서 일하도록 한다. 그러고 나서 해 질 녘(6시라고 가정하자)에 정산을 시작한다. 가장 늦게 일을 시작한 사람들부터 정산해 주는데 5시에 온 1시간 일한 사람에게 10만 원/100불을 지급한다. 이것을 보고 3시간 일한 사람들, 6시간, 9시간 일한 사람들, 아침 일찍 6시에 와서 12시간 일한 사람들이 한 30만 원–20만 원 받을 것이라고 기대했는데 10만 원을 받아들고 굉장히 불쾌해한다. 한마디로 말하면 "It is not fair"라는 것이다. "우리가 당신 농장에 와서 12시간 일했는데 어떻게 1시간 일한 사람들과 똑같이 취급할 수 있는가?"라고 농장주에게 투덜대기 시작한다. 그런데 이것이 바로 우리 인간들이 만들어 놓은 세상 규칙 아닌가? 1시간 일하면 10불, 10시간 일하면 100불 받아야 하는 것 아닌가? 그런데 농장주께서 이들에게 뭐라고 하셨나? "친구야, 난 당신들에게 잘못한 것 없다. 우리 서로 하루 품삯 받고 일한다고 동의하지 않았는가? 당신 것 가지고 가세요. 나중에 온 사람들에게 당신과 같이 준 것은 내 맘이다."

지금 예수께서 천국에 대해서 말씀하고 계신다. 천국이란 경제 민주화가 실현된 곳이다. 그 반대로 지옥이란 경제적/사회적 양극화가 심화되는 곳이다. 우리 사회가 천국을 향해 가고 있는가? 아니면 지옥을 향해 가고 있는가? 오늘 예수께서 전한 농장주의 character가 하나님의 character다. 하나님이 창조한 이 아름다운 삶의 포도원 농장에서 아침 6시에 와서 일한 사람들이나 저녁 5시에 와서 일한 사람들 각각이 하루의 품삯으로 살아야 한다는 것이 하나님께서 그의 아들 예수를 통하여 우리에게 가르쳐준 분배의 정의가 실현된 천국의 모습일 것이다. 5시에 고용된 사람들이 게으른 사람들(Lazy boys)이 아니었다. 실업자(Unemployee)들이다. 그들이 5시라도 고용되지 않았다면 그의 딸린 식구들이 그날 밤 배 곯으면서 밤을 보내야 된다. 주기도문에 이런 문구가 있다: "Give us this day our daily bread." Give me가 아니라 Give us다. 나에게가 아니라 우리에게다. 그래야 같이 살 수 있다. 그것이 바로 천국이다. 캐나다가 universal Medical system을 가지고 있다는 것, 천국의 한 단면이다.

22장.
하나님의 정의: 분배(distribution)인가 징벌(retribution)인가?

《Micah》 4:1–5

(4:1) 끝날에 이르러는 여호와의 전의 산이 산들의 꼭대기에 굳게 서며 작은 산들 위에 뛰어나고 민족들이 그리로 몰려갈 것이라 (4:2) 곧 많은 이방 사람들이 가며 이르기를 오라 우리가 여호와의 산에 올라가서 야곱의 하나님의 전에 이르자 그가 그의 도를 가지고 우리에게 가르치실 것이니라 우리가 그의 길로 행하리라 하리니 이는 율법이 시온에서부터 나올 것이요 여호와의 말씀이 예루살렘에서부터 나올 것임이라 (4:3) 그가 많은 민족들 사이의 일을 심판하시며 먼 곳 강한 이방 사람을 판결하시리니 무리가 그 칼을 쳐서 보습을 만들고 창을 쳐서 낫을 만들 것이며 이 나라와 저 나라가 다시는 칼을 들고 서로 치지 아니하며 다시는 전쟁을 연습하지 아니하고 (4:4) 각 사람이 자기 포도나무 아래와 자기 무화과나무 아래에 앉을 것이라 그들을 두렵게 할 자가 없으리니 이는 만군의 여호와의 입이 이같이 말씀하셨음이라 (4:5) 만민이 각각 자기의 신의 이름을 의지하여 행하되 오직 우리는 우리 하나님 여호와의 이름을 의지하여 영원히 행하리로다

《열왕기-상》 21:1-10

(21:1) 그 후에 일어난 일이다. 나봇이라는 이즈르엘 사람이 포도원을 하나 가지고 있었는데 그 포도원은 사마리아를 다스리고 있는 아합의 별궁 근처에 있었다. (21:2) 어느 날 아합 왕이 나봇을 만나 말하였다. "그대의 포도원은 내 별궁 근처에 있으니 나에게 양도하게. 그것을 정원으로 만들고 싶네. 그 대신 그대에게는 더 좋은 포도원을 마련해 주지. 만약 그대가 원한다면 그 값을 시가로 따져서 현금으로 계산해 줄 수도 있네." (21:3) 그러나 나봇은 아합 왕의 청을 거절하였다. "선조들에게서 물려받은 이 포도원을 임금님께 드릴 수는 없습니다. 천벌을 받을 짓입니다." (21:4) 이즈르엘 사람 나봇이 선조의 유산이란 이유로 요구를 거절하자 아합 왕은 침울한 심정이 되어 별궁으로 돌아가 자리에 누워 이불을 얼굴까지 뒤집어쓰고 음식도 들려고 하지 않았다. (21:5) 그의 아내 이세벨이 들어와서 물었다. "무슨 일로 이렇게 상심이 되시어 음식까지 물리치십니까?" (21:6) 왕이 말하였다. "내가 이즈르엘 사람 나봇이란 자에게 그의 포도원을 시가대로 팔거나, 아니면 다른 포도원과 바꿔달라고 하였소. 그런데 그자가 포도원을 내놓지 못하겠다는 것이오." (21:7) 그러자 그의 아내 이세벨이 말하였다. "당신은 이스라엘의 왕답게 처신하십시오. 제발 일어나셔서 기분을 돌리고 음식을 드셔요. 내가 이즈르엘 사람 나봇의 포도원을 당신께 선물로 드리리다." (21:8) 그 여자는 아합의 이름으로 밀서를 써서 옥새로 봉인하고 그것을 나봇이 살고 있는 성읍의 시의회에 나봇과 한자리에 앉아 있는 원로들과 지방 어른들에게 보냈다. (21:9) 그 밀서의 내용은 이러하였다. "단식을 선포하고 백성들 앞에서 나봇을 상석에 앉힌 다음, (21:10) 무뢰배 둘을 그 맞은편에 앉혀 나봇이 하느님과 왕을 욕하였다고 고발하게 하여라. 그리고는 그를 밖으로 끌어내어 돌로 쳐서 죽여라."

이번 장에서는 '하나님의 정의는 나눔/분배인가 아니면 징벌/복수/보복인가?'라는 주제로 다뤄보겠다. 지난 장에서 언급했듯이, 분배로서의 하나님의 정의 근거는 바이블 첫 장에서부터 시작된다고 말씀드렸다. 즉, 우리가 창조 신앙을 가지고 있다는 것은, 이 세상/이 세상의 소유권이 하나님께 속한 것이지 우리에게 있지 않다는 것을 인정하는 것이다. 인정하지 않는 사람도 있다. 아니, 이 자본주의 사회에서 많다. 그런데 우리가 이 세상에서 천년만년 살면 모를까 고작해야 100여 년도 살지 못하고 가는 인생이라는 실존 앞에서 이 세상의 소유권이 하나님께 있다는 것을 인정하지 않을 수가 없다.

우리의 하나님이 정의롭고 또 이 세상이 하나님께 속해 있다면 이 세상은 반드시 정의롭게 다스려져야 하고 또 공평하게 나누어져야 한다. 천국은 아침 6시에 와서 일한 사람이나 저녁 무렵에 와서 한 시간 일한 사람이나 다 같이 한 데나리온의 품삯을 받는 것과 같은 것이라고 신의 아들이신 예수께서 말씀하셨다(마태 20장). 이런 말씀은 문자적으로 믿으시고 실천하시라. 이런 세상이 과연 가능할까? 이런 모델이 세상이 한 번이라도 있었는가? 북한의 김일성이, 중국의 마오쩌둥이, 소련의 스탈린이 만든 그 참혹한 공산사회를 의미하는 것인가?

하나님의 나눔 정의와 공의에 기초로 해서 세워진 나라가 《여호수아서》에 묘사되어 있다. 그런데 《여호수아서》는 역사서가 아니라는 것 기억해 주시길 바란다. 《여호수아서》는 이스라엘 사람들이 꿈꾸는 이 땅에 실현될 하나님 나라의 마스터플랜과 같은 책이다. 이스라엘 백성들이 약속의 땅에 들어갔을 때 첫 번째 한 일이 땅을 공평하게 열두 개로 나누고 또 뽑기를 해서 레위 지파를 제외한 열두 지파에게 나누어준다. (《여호수아서》 14:3). 아니 열두 지파 중 한 지파인 레위 지파를 제외하면 열한 지파가 되는데 왜 열둘로 나누었느냐? 하면 요셉에게 두 아들 므낫사와 에프라임이 있는데 이 두 아들이 성장해서 각기 한 지파를 형성하게 되어 다시 열두 지파가 되는 것이다. 그리고 약속에 땅에서 레위 지파는 뿔뿔이 흩어져서 각 지파 속으로 들어가서 하나님을 예배하고 하나님의 성전을 돌보는 역할을 감당하게 된다. 《구약성서》에서 약속의 땅이란 하나님이 현존하시는 곳 그래서 모든 사람이 공평하게 대우받는 곳을 의미한다. 《여호수아서》는 이를 실현하기 위한 Manuel 같은 책이다. 《여호수아서》에 의하면 출애굽한 이스라엘 백성이 가나안 나라들을 하나씩 정복한 것으로 되어 있으나, 그다음 책인 《사사기》를 보면 가나안의 거대 왕국들은 여전히 평야 지대를 차지하고 있고 이스라엘 지파들은 변두리나 산간지대에 기거하고 있는 것으로 기록되어 있다. 즉, 역사적으로 정복하지 못한 것이다. 여하간 약속에 땅 일부를 차지한 이스라엘 백성에게 정의의 하나님은 다음과 같이 명령하신다. 땅을 사지도 팔지도 마라. 혹시 그런 일이 생겨 빈부격차가 나더라도 희년 때에는 땅이 다시 원주인에게 원상복귀 되어야 함을 강조한다. 《레위기》 25장에 소위 안식일, 안식년, 희년법이 공평하게 분배하시는 하나님의 정의가 잘 나타나 있다. 빚을 줄 때 이자를 받지 말라. 그리고 위의 법들은 신의 제안이 아니라는 것이다. 신의 명령(Divine command)이다.

지난 장에서 우리는 예수를 통해서 포도 농장 주인의 급진성/좌파성을 보았다. 《구약》의 하나님의 정의는 오늘날 IMF의 지배를 받는 우리에게는 너무도 급진적이다. 이런 법들이 문자적으로 지켜진다면 이 세상이 바로 천국이 될 것이다. 그런데 이런 하나님의 법을 가장 지키는 않는 사람들이 세계의 금융상권을 주물럭거리는 유대인들 아닐까!

어제와 오늘 문명화 과정의 일상성(The normalcy of civilization)라는 것이 무엇을 말하는가? 문명사회가 어떻게 발전되어 왔는가? Keep mine and take yours. 내 것은 내 것이고 네 것도 내 것이 되는 반목 구도였다. 수많은 제국의 흥망성쇠가 그래왔고 오늘날 많은 재벌들(multinational mega)이 이런 구도 속에서 서로 반목하고 있다. 소위 말하는 특허라는 이름으로 자기 것을 철저하게 지키면서 남의 영역을 침범하는 구도다.

오늘 둘째 본문인 《열왕기-상》 21장을 보면 이스라엘의 왕과 왕비가(오늘날로 하면 국가 권력이) 한 보통 사람의 땅을 차지하기 위해서 그 보통 사람의 생명도 가차 없이 앗아가는 그런 내용이 그려지고 있다. 아합왕은 하나님의 땅에 대한 명령을 알고 있기에 나봇이 그 조상들에게 물려받은 땅을 팔 수 없다고 했을 때 의기소침해서 자기 침소에 들어

가서 식음을 전폐한다. 그러나 바알을 섬기던 그의 왕비 이세벨이 음모를 꾸며 나봇을 죽이고 그의 땅을 차지한다. 하나님께서 선지자 엘리야를 아합왕에게 보내어 무시무시한 메시지를 전한다. "나봇의 피를 핥던 개들이 같은 자리에서 네 피도 핥으리라(21:19)." 이때의 하나님은 분명 권력이 행하는 악에 대해서 진노/징벌하시는 하나님이다. 성서에 분명 징벌/진노하시는 하나님의 캐릭터가 있다. 여기서 이세벨과 아합왕은 바알신, 문명화 과정의 일상성, 즉, 내 것은 내 것, 네 것도 내 것을 대변한다. 내가 힘과 권력이 있기에 남용하고 조작해서 힘없는 보통 사람들을 죽이고 그들의 재산을 빼앗는 것 뭐가 문제인가? 돈 앞에, 권력 앞에 머리를 조아리고 줄을 대는 사람들이 많다. 예수를 백날 믿으면 무슨 소용이 있는가? 그들은 겉으로는 예수를 믿어도 실제로는 바알신을 섬기는 사람들이다. 웹 사이트에 들어가서 한용상 님이 쓴 〈한국교회는 바알신전인가?〉를 읽어보라. 한국 교회에 편만한 바알숭배, 맘몬주의에 대해 힐난하고 있다. 이제 하나님의 백성들이 하나님의 급진적인 명령과 문명화 과정의 일상성(the normalcy of civilization) 사이에서 매일매일 직면하고 있는 도전과 갈등이 무엇인지 느끼시는가? Keep mine and take yours! Or Share things belong to God with others! 내 것은 내 것, 네 것도 내 것인가? 또는 다른 사람들과 하나님께 속한 것을 나눌 것인가?

성서가 말하는 이스라엘이란 지금 팔레스틴 지역에 존재하는 한 국가의 이름이 아니라 하나님의 말씀에 순종하는 사람들을 의미한다. Isarel

이란 말은? 즉, Obey+el(Ellohim: another name of God), 문자적으로 말해서 obey God이란 뜻이다. 누가 오늘날 이스라엘인가? 깡패처럼 힘으로 전투기를 하루에 300회씩 투입해서 가자지구를 폭격하는 세력인가? 아니다. 하나님의 급진적인 명령에 복종하는 사람들이 이스라엘이요, 그리고 the normalcy of civilization을 추종하는 사람들은 바알신을 섬기는 사람들이다.

오늘날 과학이 발전되고 문명화된 사회 속에서도 끊임없이 전쟁과 폭력과 거짓과 악행이 자행되고 있다. 예수를 믿는다는 것은 그러한 악을 물리치고 평화를 이 땅에 구현한다는 것이다. 악을 물리치고 평화를 이루는 방법이 성서에 있다. 미가서 이렇게 기술되어 있다. 여호와의 전에 올라가서 그가 가르치는 도를 배우고 그의 길을 걷자. 3절에 그가 사람들 사이에서 판결하실 것이고 강한 나라들의 분쟁을 해결하실 것이다. 그러면 이방 사람들 모두 칼을 쳐서 보습을 만들고 창을 녹여 낫을 만들 것이다. 더 이상 전쟁하는 연습을 하지 않게 될 것이다. 도대체 어떤 정의의 판결문이기에 세상 모든 사람이 동의하고 전쟁의 무기를 내려놓고 평화롭게 살 수 있단 말인가?

《미가서》 4장 4절에 근거한 하나님의 판결문은 distributary justice/나눔/분배의 정의다. "각 사람이 자기 포도나무 아래와 자기 무화과나무 아래에 앉을 것이라 그들을 두렵게 할 자가 없으리니" 각각이 한 데나리온의 먹을 것을 갖게 된다는 것이다. 아침 6시에 일한 사람이나 저녁 5시에 와서 일한 사람 각각이 한 데나리온의 품삯을 받은 것처럼 각각이 자기 포도나무, 무화과나무 아래 앉게 된다는 것이다. 또 그것을 빼앗을 권력에 누구도 두려워하지 않는다는 것이다. 내 것 소유(keep)하고 남의 것 빼앗는 그 잔혹한 문명의 정상성이 더 이상 통용되고 있지 않을 때만이 모든 사람들이 자기를 보호할 칼과 무기를 내려놓고 평화롭게 살 수 있다는 것이다. 오늘날 세계의 많은 전쟁의 원인 중의 하나가 종교적 혐오에서 기인하고 있다. 《미가서》 4장 5절에 이 문제에 대한 해결 방법을 제시하고 있다. All the nations may walk in the name of their gods; we will walk in the name of the Lord our God for ever and ever. 만민이 각각 자기 신의 이름을 의지하여 행하되 오직 우리는 우리 하나님 여호와의 이름을 의지하여 영원히 행하리로다.

여기에 다른 종교를 가지고 있는 사람들을 기독교로 개종시켜야 한다는 말이 있는가? 다행히도 없다. 그들은 그들의 신의 이름 따라 걷고 우리는 우리의 신의 이름을 따라 행동하면 된다는 것이다. 그럴 때 주의할 점은 각각이 자기 신의 이름으로 걸을 때/진리를 찾아 나설 때, 복수와 보복의 신의 정의가 아니라 나눔과 분배의 정의로서의 신을 재발견하면 이 세상에 분명 평화가 올 것이고 미가서의 예언이 이 땅에 실현될 것이다.

21세기에도 교회가 필요한가? 필요하다. 문명의 보편성에 맞서 하나님의 급진성을 선포하고 실천할 무리로서의 교회가 필요하다. 바닷물이 짠 이유는 3%의 소금 때문이라고 한다. 세상에서 3%의 짠 소금 역할을 감당하는 곳이 필요하다. 그래서 예수께서 《마태복음》 5장 13절에 너희는 세상의 소금이라고 말씀하셨다. 그런데 그 소금의 제맛을 잃으면 밖에 버려져 사람들의 발에 밟힐 뿐이라고 경고도 해 주셨다. 소금의 짠맛을 유지하는 교회가 되자.

23장.

관계: 십계명과 주기도문을 중심으로

《신명기》 5:7–21

(5:7) 나 외에는 다른 신들을 네게 두지 말지니라 (5:8) 너는 자기를 위하여 새긴 우상을 만들지 말고 위로 하늘에 있는 것이나 아래로 땅에 있는 것이나 땅밑 물 속에 있는 것의 어떤 형상도 만들지 말며 (5:9) 그것들에게 절하지 말며 그것들을 섬기지 말라 나 네 하나님 여호와는 질투하는 하나님인즉 나를 미워하는 자의 죄를 갚되 아버지로부터 아들에게로 삼사 대까지 이르게 하거니와 (5:10) 나를 사랑하고 내 계명을 지키는 자에게는 천 대까지 은혜를 베푸느니라 (5:11) 너는 네 하나님 여호와의 이름을 망령되이 일컫지 말라 나 여호와는 내 이름을 망령되이 일컫는 자를 죄 없는 줄로 인정하지 아니하리라 (5:12) 네 하나님 여호와가 네게 명령한 대로 안식일을 지켜 거룩하게 하라 (5:13) 엿새 동안은 힘써 네 모든 일을 행할 것이나 (5:14) 일곱째 날은 네 하나님 여호와의 안식일인즉 너나 네 아들이나 네 딸이나 네 남종이나 네 여종이나 네 소나 네 나귀나 네 모든 가축이나 네 문 안에 유하는 객이라도 아무 일도 하지 못하게 하고 네 남종이나 네 여종에게 너 같이 안식하게 할지니라 (5:15) 너는 기억하라 네가 애굽 땅에서 종이 되

었더니 네 하나님 여호와가 강한 손과 편 팔로 거기서 너를 인도하여 내었나니 그러므로 네 하나님 여호와가 네게 명령하여 안식일을 지키라 하느니라 (5:16) 너는 네 하나님 여호와께서 명령한 대로 네 부모를 공경하라 그리하면 네 하나님 여호와가 네게 준 땅에서 네 생명이 길고 복을 누리리라 (5:17) 살인하지 말지니라 (5:18) 간음하지 말지니라 (5:19) 도둑질 하지 말지니라 (5:20) 네 이웃에 대하여 거짓 증거하지 말지니라 (5:21) 네 이웃의 아내를 탐내지 말지니라 네 이웃의 집이나 그의 밭이나 그의 남종이나 그의 여종이나 그의 소나 그의 나귀나 네 이웃의 모든 소유를 탐내지 말지니라

공자의 제자가 하루는 공자께 물었다. "선생님, 생을 사는데 꼭 마음에 새겨둘 말씀을 한마디로 해 주십시오." 공자께서 대답하기를, "란(어렵다)"이라고 했다. 인생이 무엇인가? 공자님의 유교에서는 '란이다'라고 했고 불교에서는 인생을 '고통(suffering)'이라고 한다. 기독교는 인생을 '죄(sin)'라고 말한다. 세 종교가 그 표현 방법은 다르지만 그 근본 메시지는 같다고 할 수 있다. 앞으로 죄 혹은 죄인이라 말을 이해할 때 '뭐 큰 잘못을 지은 이 벌레만도 못한 놈' 이런 식으로 이해하지 마시고 어려운 것, 고통스러운 삶으로 이해하시기 바란다. 아니면 물에 풍덩 빠져 있는 삶으로 이해하셔도 된다.

왜 인생이 어려운가? 왜 삶이 고통스러운가? 왜 기독교는 항상 우리를 죄인이라고 단정하는가? 그것은 우리가 관계 속에 들어와 살기 때문이다. No, 나는 single이다. 나는 어떤 사람과도 관계를 맺고 있지 않다

고 주장을 할 사람들도 있겠지만 그것을 참으로 어리석은 생각이다. 당신이 입고 있는 의복을 한번 살펴보라. 그 옷을 판매하던 점원이 생각나질 않는가? 그 의복을 운반한 트럭 기사님이 있을 것이다. 그 의복을 구상한 디자이너도 있다. 그 의복을 제단한 사람들, 바늘과 실을 만든 사람들, 또 그 의복의 옷감에 물을 들인 사람들….

우리가 걸치고 있는 이 의복 하나만 가지고도 우리가 수십 수백 명과 관계를 맺고 있는 존재라는 것을 부인할 수가 없다.

슬픈 소식을 들을 때 마음이 아파진다. 내 아들의 어려움이 나의 어려움이 된다. 내 딸의 고통이 나의 고통이 된다. 우리가 교회에 와서 '나는 죄인이다'라고 고백하는 것은 다른 사람과 관계를 맺고 있는 존재라는 것과 별반 다르지 않다. 한자의 사람 인(人) 자가 그 관계를 잘 묘사하고 있다. 사람은 홀로가 아니라 서로 밀접한 관계(interrelated)를 하며 사는 존재다. 서양 사람들은 독립적인(independent) 것을 강조하지만 인간은 결코 홀로 존재할 수 있는 생물이 아니다. 인생이 왜 어렵고 고통이 동반되는가? 그것은 인간들 사이에 관계를 맺고 그 관계를 유지하는 것이 쉽지가 않기 때문이다. 비 한인사회에서 지난 20여 년 동안 함께 동고동락하면서 100여 쌍 이상의 결혼식을 집례했는데 절반 이상이 서로 간의 서약을 10년도 채 못 되어 파기하는 경우를 가까이서 지켜보았다. 이는 당사자인 두 사람뿐만 아니라 주변 사람들, 특히 그사이의 자녀들의 심성에 크나큰 상처를 남기는 것인데 어른들이 정말 이래도 되는가? 라는 생각을 많이 해 보았다. 이곳에서 결혼식 주례를 하면 신랑 신부가 만인이 보는 앞에서 키스하는데 그런 징표도 헌신짝이 될 수 있단 말인가? 제 딸아이의 친한 친구 중 어린 시절에 부모의 이혼을 겪은 친구가 이렇게 말했다고 한다. "이 세상에 진정한 사랑은 존재하지 않는다. 고로 하나님은 없다."

도대체 무엇이 문제란 말인가? 세상을 사는데 어떤 관계를 철석같이 지키고 유지하는 데는 두 사람만의 굳은 약속만으로는 충분하지 않다. 오늘날 많은 젊은 사람들이 젊은 커플들이 이 진실을 간과하고 있는 것 같다. 두 사람의 관계에 또 하나의 관계가 첨가되어야 그 두 사람의 관계가 지속되고 영속적일 수 있다. 그것은 다름 아닌 하나님과의 관계다.

모세의 십계명을 보면 처음 세 계명이 바로 인간과 신과의 관계의 중요성을 이야기한다. 나 이외에 어떤 다른 신을 네게 두지 말라. 그런 상을 만들지도 말고 절하지도 말라. 하나님의 이름을 망령되이 일컫지 말라. 여기서 다른 신이란 아상을 버리지 않고, 즉 '나'라는 존재를 가운데 두고 믿는 신을 말하는 것이다. 그것이 기독교의 신일지라도 내가 중심이 돼서 믿는 신은 우상일 수 있다.

이외수의 《하악하악》이라는 책이 있는데, 그의 글 중에 이런 말이 있다. "마음이 좁쌀만 한 인간이 하나님을 믿으면, 하나님의 크기도 좁쌀만 하고, 마음이 태산만 한 인간이 하나님을 믿으면 하나님의 크기도 태산만 하다. 마음의 크기가 좁쌀만 한 인간은 영혼이 좁쌀 속에 갇혀서 자신의 모습조차 보지 못하고 마음의 크기가 태산만 한 인간은 영혼이 태산 위에 올라 천하 만물을 살핀다. 태산과 같은 하나님을 위해 내 마음을 크게 하고 싶은데 정말 그렇게 살고 싶습니다."

필자는 TV에서 한국 운동선수들이 국제 경기에서 우승을 하거나 올림픽에서 금메달을 따고서 "이 모든 영광을 하나님께 돌린다"는 말을 들을 때 조금 불편하다. 금메달을 따지 못하면 영광을 돌리지 않겠다는 것인가? 경기에서 한국 선수에게 진 상대 선수가 기독교인이라면 하나님께서 참 난처하시겠다는 생각을 해 보곤 한다. 구기 종목, 개인기 선수는 그런대로 보아 주겠는데 격투기 선수, 특히 권투선수가 상대방을 죽을 정도로 패 놓고 이 모든 영광을 하나님께 돌린다고 하는 것은 어색하기 이를 데 없다. 태산과 같은 하나님을 믿는 사람이라면 남을 좀 더 배려해야 하는 것 아닌가?

아상을 가지고, 욕심을 가지고, 사심을 가지고 믿는 신은 우상이다. 하나님께서는 그런 신을 네게 두지 말라고 하신다. 하나님은 언제나 거룩하시다. 그런데 하나님의 이름이 너무도 인간들에 의해서 잘못 사용되고 있다. 그래서 제3계명에 "하나님의 이름을 망령되이 일컫지 말라"라고 명하신다. 즉, 오용 또는 남용(abuse or misuse)하지 말라는 것이다. 아무 때나, 자기 합리화를 위해서 하나님의 이름을 들먹이지 말라는 것이다. 부시의 이라크 침공이 가장 극단적인 예라 하겠다. 이를 예수께서는 제자들을 가르친 기도문에서 하나님의 "이름을 거룩하게 하라"고 긍정적으로 표현해서 말씀하셨다. 주기도문과 십계명은 그런 차원에서 그 본질적인 내용은 같다. 하나는 '…하지 말라'는 부정문으로 또 하나는 '…하라'는 긍정문으로 표현되어 있을 뿐이다. 이스라엘 라바이들은 성서를 읽을 때, 하나님의 이름이 나오면 한참을 침묵하고 다음 구절로 넘어간다. 하나님의 이름을 거룩하게 하는 방법은 하나님의 자녀들이 이 세상에서 하나님의 원칙을 가지고 바르게 사는 길밖에 없다.

십계명의 두 번째 파트 5계명, 6계명, 7계명은 인간과 인간간의 관계가 어떠해야 함을 보여 주고 있다. 부모님을 공경하고, 살인하지 말고, 간음하지 말라는 것이다. 주기도문에서는 인간과의 바른 관계는 서로서로 용서하면 된다고 가르친다. 우리가 우리의 죄를 용서한 것 같이…. 그래야지 우리도 하나님께 용서를 구할 수 있다는 것이다. 우리 죄를 사하여 주옵소서…. 우리끼리의 관계를 바로 회복하지 않으면 하나님과의 관계도 바르게 회복될 수 없다는 것이다.

교회 생활 특히 이민자들의 교회 공동체는 아픔과 상처가 많다. 교회를 흔히들 사랑의 공동체 화해의 공동체라고 하는데 사실 교회를 통해서 상처를 입는 경우가 더 많고 이렇게 해서 생긴 상처는 좀처럼 아물지 않는 경우를 지켜본다. 비 신앙인들은 사회생활에서 문제나 갈등이 생기면 술 한 잔하고 푸는 경우가 많은데 교인들은 금주 때문인지 그렇게 풀지를 못하는 경우를 종종 목격한다. 그 근본에는 그 사람들 속에 내재한 영의 근본을 건드려서 그렇기도 하지만 대부분의 경우에는 어린아이의 신앙인으로 관계를 맺고 살아가기 때문일 것이다.

십계의 마지막 세 계명, 여덟 번째, 아홉 번째 그리고 열 번째 계명은 인간과 물질 혹은 인간과 대자연과의 바른 관계를 설명해 주고 있다. 도적질하지 말고, 법정에서 이익을 얻기 위해 거짓 증거 하지 말고, 네 이웃의 것을 탐내지 말라고 하신다. 이를 주기도문에서는 한 문장으로 처리한다. Give us this day our daily bread…. 우리에게 일용할 양식을 주옵소서….

한편 십계명 중 네 번째 계명은 안식일에 관한 것인데 이는 위의 세 개의 관계, 즉 하나님과 인간, 인간과 인간, 그리고 인간과 물질 사이의 바른 관계를 다시 한번 요약하고 강조하는 계명이다. 이날에는 엿새 동안 힘들게 일한 인간들이 휴식을 취하고 그래야 땅도 자연도 휴식을 취할 것이고 또 그 과정 중에 서로가 서로를 왕따시켰다면 화해하고 그 관계를 다시 회복하라는 것이다. 그러한 상징으로 같이 모여 하늘 아버지께 예배드리고 같은 뿌리에서 나온 형제요 자매임을 확인하라는 것이다. 이를 하나님의 아들인 예수께서는 주 기도문에서 "뜻이 하늘에서 이루어진 것 같이 땅에서도 이루어지이다"라고 가르치셨다. "Your kingdom come, Your will be done on earth as it is in heaven."

우리가 꿈꾸는 하늘나라란 무엇인가? 안식일이 이 땅 위에 실현되는 것을 의미한다. 토론토에 400여 개의 한인교회가 있다고 한다. 많은 한인교회 중 왜 우리 연합교회를 선택해서 주일예배를 드리는가? 이 귀한 시간에 친구 따라 왔을 리는 없을 것이다. 이런 대답을 가지고 교회를 다니자. 하늘나라를 이 땅 위에서 맛보기 위해서…. 우리가 신앙생활을 하는 이유는 혹시 하나님이 무서워서 주일 성수 하지 않으면 영원 형벌 받을까 봐서 의무감에 교회 나오는 것은 아니다. 그런 단계는 빨리 졸업해야 한다. 그래도 우리가 성수주일하고 주일예배에 나오는 이유는 예수 그리스도를 통해 창조주 하나님과 바른 관계를 맺고 그것을 유지하기 위해서다. 그렇게 함으로 나와 다른 사람과도 같이 사는 법을 배우는 것이다. 그것이 바로 연합교회이고 ○○○○ 신앙공동체다.

십계명의 구조 틀에서 하나의 관계가 broken 되면 다른 둘의 관계도 깨어져 버린다는 사실에 주목할 필요가 있다. 즉, 우리가 하나님과 관계가 소홀하게 되었을 때 우리 인간들끼리의 관계가 서로 소원하고 자연을 지배 정복의 대상으로 놓고 훼손하게 된다. 그 역도 성립한다. 인간들끼리 서로 갈라져 싸우면서 또 자연을 파괴하면서 하나님을 예배할 수 없다는 것이다. 우리가 우리 빚을 사하여 주어야 하나님께서 우리 빚을 면제해 주신다는 것이다. 여러분의 부부 사이가 혹시 매끄럽지 못하시다면 여러분의 하나님과의 관계를 다시 재점검할 필요가 있다. 하나님 대신에 혹시 money가, 다른 우상이 하나님의 위치에 있지 않나 살펴보아야 한다.

오늘날 많은 사람의 경우 돈이 하나님의 위치에 놓여 있는 것을 본다. 또 21세기를 사는 우리들은 technopia, 즉 기술 천국/과학 천국의 시대에 살고 있다. Computer, Internet, Cellular phone, Smart TV, I–phone, Facebook, Twitter 등등의 첨단 통신장비들의 신제품이 거의 매일 시장에서 우리를 유혹한다. 그런 첨단 과학 장비들이 우리들의 관계를 더 가깝게 만드는가? 요즘 아이들 옆에 친구가 있어도 혼자서 게임기를 들고 놀지 않는가? 요즘 세상이 더 고립되고 외롭고 폭력이 심화되고 관계가 쉽게 금이 가고 있지 않은가? 왠지 아는가? 영이신 하나님의 창조물인 인간 속에는 영성이 있어서 그 양심을 일깨우면 바른 도덕심과 윤리관을 가지고 인간관계를 맺고 살지만, 인간들이 만든 기계는 그것이 아무리 첨단 과학일지라도 영성을 심어 넣어 줄 수 없기 때문에 기계하고 친숙한 인간들은 기계처럼 잘못을 저지르고도 아무런 양심의 가책을 느끼지 못하기 때문이다.

21세기에도 교회가 필요한가? 여러분 자녀, 손주들에게 필요한 것이 갤럭시 9인가? 아니면 영성을 개발하고 하나님과의 바른 관계를 맺을 수 있는 신앙 교육인가? 바다를 잠잠케 한 예수의 이야기에서 제자들이 잠들어 계신 예수님을 깨웠다. 즉 예수는, 내 안에 잠들어 있는 신적 요소는 저절로 깨어나지 않는다는 말씀이다. 반드시 누군가에 의해 깨워

져야만 하는 것이다. 어떻게 하면 우리도 우리 안에 잠들어 계신 예수를 깨울 수 있을까? 십계명을 지키는 것이다. 주기도문을 실천하는 것이다. 과거에는 수동적으로 지키려고 했다면 이제는 능동적으로 해석하고 응용하며 살아야 한다. 십계명을 가지고 남을 정죄하는 것이 아니라 항상 나를 살피고 내가 바로 서서 남의 시선에 아랑곳하지 않고 나의 길을 무소의 뿔처럼 묵묵히 그리고 당당히 걷는 것이다. 그러기 위해서는 두 발이가 아니라 삼발이여야만 한다. 그래야 관계가 오래간다. 그래야 넘어지지 않는다. 그래야 신뢰가 지속된다.

23장.
예수는 어떻게 그리스도가 되었는가?

《요한복음》 12:1–8

(12:1) 예수께서는 과월절을 엿새 앞두고 베다니아로 가셨는데 그 곳은 예수께서 죽은 자들 가운데서 살리신 라자로가 사는 고장이었다. (12:2) 거기에서 예수를 영접하는 만찬회가 베풀어졌는데 라자로는 손님들 사이에 끼여 예수와 함께 식탁에 앉아 있었고 마르타는 시중을 들고 있었다. (12:3) 그 때 마리아가 매우 값진 순 나르드 향유 한 근을 가지고 와서 예수의 발에 붓고 자기 머리털로 그 발을 닦아드렸다. 그러자 온 집안에 향유 냄새가 가득 찼다. (12:4) 예수의 제자로서 장차 예수를 배반할 가리옷 사람 유다가 (12:5) "이 향유를 팔았더라면 삼백 데나리온은 받았을 것이고 그 돈을 가난한 사람들에게 나누어줄 수 있었을 터인데 이게 무슨 짓인가?" 하고 투덜거렸다. (12:6) 유다는 가난한 사람들을 생각해서가 아니라 그가 도둑이어서 이런 말을 한 것이었다. 그는 돈주머니를 맡아가지고 거기 들어 있는 것을 늘 꺼내 쓰곤 하였다. (12:7) 예수께서는 이렇게 말씀하셨다. "이것은 내 장례일을 위하여 하는 일이니 이 여자 일에 참견하지 마라. (12:8) 가난한 사람들은 언제나 너희와 함께 있겠지만 나는 언제나 함께 있지는 않을 것이다."

예수의 사역 중 네 복음서 모두에 기록된 기사는 오직 네 개뿐이다. 1) 예수의 요단강 세례, 2) 떡과 물고기로 군중을 먹이신 이야기, 3) 예수의 십자가 수난, 그리고 4) 한 여인에 의해서 행해진 예수의 안수식 기사다. 예수의 다른 기사들은 예를 들면, 세 복음서에는 기록되어 있고 한 복음서에는 삭제되어 있고, 또 두 복음서에는 기록되어 있고 다른 두 복음서에는 없는 것도 있는데 위에 언급한 네 가지 기사만은 네 복음서 모두 기록되어 있다. 《마가복음》 14:3-9, 《마태복음》 26:6-13, 《누가복음》 7:36-50, 그리고 《요한복음》 12:1-8 등에서 한 여인이 예수를 기름 부은 사건이 기록되어 있다. 이 사건은 문자적, 상징적, 은유적, 신학, 문화적, 그리고 예식적 차원에서 중요한 사건이다.

우리 그리스도인들은 예수를 그리스도라고 부른다. 영어로는 크라이스트(Christ), 그릭어로는 크리스토스(Christos), 히브리어로는 메시아(Messiah)라고 부른다. 이 말은 문자적으로 기름 부은 받은 자(The Anointed)라는 뜻이다. 즉, 복음서에 기름 부음 받은 사건이 기록되어 있지 않다면 우리는 예수를 그리스도라고 부를 수 없다는 말이다. 히브리 인의 역사에 전통에 의하면 전통(tradition), 문화(culture)는 무서운 말이다. 왜냐면 이런 것들은 하루아침에 만들어지지 않았기 때문이다. 필자가 20여 년 백인 사회 있다가 한인사회로 돌아왔을 때, 한인사회의 전통, 정서를 무시할 수 없다는 것이다. 싫든 좋든 오랜 세월에 걸쳐 만들어진 것이기에 하루아침에 없어지거나 바뀌지 않는 것이 전통문화다.

히브리 인에 전통에 의하면 하나님께서 왕 후보자로 선정된 사람에게 하나님의 메신저(대리인/대 제사장)를 보내서 왕위 대관식 전에 기름을 붓는 의식을 거행했다. 《사무엘-상》 9장 10장에 보면 어떻게 사울이 이스라엘의 왕이 되기 위해서 하나님으로부터 선택을 받고 제사장이고 예언자인 사무엘에게서 기름 부음을 받았는지에 대해서 기록되어 있다. (10:1) 사무엘은 기름 한 병을 꺼내어 사울의 머리에 붓고 입을 맞추며 이렇게 선언하였다. "야훼께서 그대에게 기름을 부어 당신의 백성 이스라엘의 수령으로 성별해 세우시는 것이오. 그대는 야훼의 백성을 지배하시오. 그대는 사방에 있는 적의 세력으로부터 이 백성을 구해 내어야 하오. 야훼께서 그대에게 기름을 부어 당신의 몫인 이 백성의 수령으로 성별해 세우신 표는 이것이오." (공동번역)

히브리 전통에 입맞춤(Kissing)은 기름 부음 예식의 아주 중요한 한 파트다. 하나님과 하나님의 백성의 최고의 지도자가 입을 맞춘다. 상징적으로 중요한 액션이다. 첫째, 지도자는 신의 소리를 내야 하고, 또 지도자의 말이 곧 신의 소리라는 뜻과 상통한다. 누가복음서에서 예수를 기름 부은 여인도 예수를 키스한다. 입이 아니라 발에 키스한다. 발이든 입이든 기록자는 키스한 장면을 반드시 넣어야 했던 것 같다. 예식의 완성을 위해서.

《사무엘-상》 16장에 보면 이스라엘의 두 번째 왕으로 명명된 다윗이 어떻게 기름 부음을 받았는가가 기록되어 있다. (16:1) 야훼께서 사무엘에게 말씀하셨다. "내가 사울을 이스라엘 왕의 자리에서 파면시켰다고 해서 너는 언제까지 이렇게 슬퍼만 하고 있을 셈이냐? 기름을 뿔에 채워서 길을 떠나거라. 내가 너를 베들레헴에 사는 이새라는 사람에게로 보낸다. 그의 아들 가운데서 내가 왕으로 세울 사람을 하나 보아두었다." (16:10) 이렇게 이새가 아들 일곱을 사무엘 앞에 나와 뵙게 하였다. 그러나 사무엘은 "이 아들 가운데는 야훼께서 뽑으신 아들이 없소" 하고 (16:11) 이새에게 그 밖에 아들은 또 없느냐고 물었다. 이새가 "막내가 또 있긴 하지만 지금 양을 치고 있습니다" 하고 대답하자, 사무엘이 이새에게 "사람을 보내 데려오시오. 그가 올 때까지 우리는 식탁에 앉을 수가 없소" 하고 일렀다.

일곱 명의 아들들이 사무엘 앞을 지나갔지만 아무도 선택받지 못한다. 여덟 번째 아이가 선택을 받는다. 성서에서 숫자 여덟이 주는 상징은 새롭게 거듭남(renewal), 새 시작(new beginning), 새 생명(new life), 영속(eternity)을 나타낸다. 8자를 눕혀 놓으면 수학의 무한대 표시이기도 하다.

(16:12) 이새가 사람을 보내어 데려온 그는 볼이 붉고 눈이 반짝이는 잘생긴 아이였다. 야훼께서 말씀을 내리셨다. "바로 이 아이다. 어서 이 아이에게 기름을 부어라." (16:13) 그리하여 사무엘은 기름 채운 뿔을 집어 들고 형들이 보는 앞에서 그에게 기름을 부었다. 그러자 야훼의 영

이 다윗에게 내려 그 날부터 줄곧 그에게 머물러 있었다. 사무엘은 길을 떠나 라마로 갔다.

예수도 제자들이 지켜보는 앞에서 한 여인에게 기름 부음을 받는다. 《요한복음》 1장 49절에 예수께서 나다나엘에 의해서 이스라엘의 왕 그리고 하나님의 아들이라는 칭호를 듣는다. (1:49) 나타나엘은 "선생님, 선생님은 하느님의 아들이시며 이스라엘의 왕이십니다" 하고 말하였다. (공동번역) 또 《요한복음》 6장에 의하면 예수께서 보리 떡 다섯 개와 물고기 두 마리로 군중을 먹이시고 나자 군중들이 예수를 이스라엘의 왕으로 삼으려고 한다. (6:15) 예수께서는 그들이 달려들어 억지로라도 왕으로 모시려는 낌새를 알아채시고 혼자서 다시 산으로 피해 가셨다.

앞에서도 언급했듯이, 전통은 쉽게 바뀌지 않는다. 이스라엘의 왕이 되기 위해서는 반드시 대관식 전에 기름 부음을 받는 예식을 해야 한다는 것이다. 군중들에 의해서 세워진 왕은 반란군의 수괴이지 합법적인 이스라엘의 왕이라고 할 수 없다. 그래서 예수께서는 6장에 보면 그들의 요구를 거부하고 산으로 피하신다. 그러나 오늘 《요한복음》 12장에 보면, 예수께서 예루살렘 도성에 들어가시기 전에 대제사장이 아니라 한 여인에 의해서 행해진 기름 부음에 응하신다. 어디서? 예루살렘에서 약 2마일 떨어져 있는 '베다니'라고 하는 지역에 있던 나사로의 집이다. 그러나 마가와 마태는 '베다니'라는 동네는 요한복음과 일치하지만, 구체적인 장소는 문둥병 환자인 시몬의 집이라고 기술하고 있다. 또 '누가'는 시몬인데 바리새인 시몬으로 그리고 그 장소가 유대 땅 베다니가 아니라 갈릴리 지역으로 기록한다. 언제? 마가와 마태는 유월절 이틀 전에 이 예식이 행해진 것으로, '누가'는 예수의 갈릴리 선교 기간 중에 행해진 것으로, 그리고 《요한복음》은 유월절 6일 전에 일어난 사건으로 기록한다. 제가 왜 언제 어디서를 가지고 네 복음서를 비교하냐면 성서를 일점일획도 틀림이 없는 절대 무오설을 주장하는 문자주의자들의 모순과 그 한계를 지적하고 싶어서다. 성서를 문자적으로 믿으면 위와 같이 한 사건에 대한 다른 정보에 대처할 방법이 없다. 혹자는 예수가 다른 지역, 다른 시간에서 네 번에 걸쳐서 기름 부음을 받았다고 주장할 수도 있다. 그런데 복음서는 역사적 사실을 기록한 것이 아님을 다시 밝힌다. 우리에게 익숙한 CNN이나 다른 신문기사들의 live report가 아니라는 것이다. 복음서는 복음서 저자들이 이해하는 《성서(구약)》를 기초로 해서 예수의 삶과 사역을 재해석해 놓은 것이다. 성공회나 성당에 가보면 성경봉독을 Lectionary에 따라서 할 때, 모세오경 중 하나, 예언서에 하나, 신약의 서신 중에 하나, 그리고 복음서 중에서 하나 이렇게 성서의 네 파트를 모두 예배 시간에 봉독하는데 그중 복음서를 읽을 때는 회중들을 일어서서 듣도록 한다. 그리고 우리는 《마태복음》 몇 장, 몇 절 봉독합니다 라고 시작하는데 영어로 봉독하는 사람은 이렇게 시작한다. The gospel(Good News of Christ) according to Matthew, Mark, Luke, and John). 즉, 마태에 의한, 마태가 이해하는 복된 소식이다.

《미가서》와 《마태복음》에서는 예수를 기름 부은 여인의 이름이 기록되어 있지 않다. '누가'는 이 여인을 바래새인의 입을 통해 죄인 그리고 창녀로 묘사한다. (7:39) 예수를 초대한 바리사이파 사람이 이것을 보고 속으로 "저 사람이 정말 예언자라면 자기 발에 손을 대는 저 여자가 어떤 여자며 얼마나 행실이 나쁜 여자인지 알았을 텐데!" 하고 중얼거렸다.

그러나 《요한복음》에는 이 여인의 이름이 드러난다. 나사로와 마르다의 여동생 마리아로 알려진다. Miriam(Hebrew), Maria(Greek), Mary(English)다. 예수 사역에 가장 중요하고 아름다운 여인의 이름이다. 예수는 그 세 사람 모두를 사랑하셨다고 《요한복음》 11:5절에 기록되어 있다. "Jesus loved Martha and her sister and Lazarus," (11:5).

마태와 마가에 나오는 이름이 알려지지 않은 여인은 예수의 머리에 기름을 부었다. 누가의 여인은 예수께 나아와 먼저 예수의 발을 자기의 눈물로 씻고 자기의 머리로 닦고 그 발에 기름을 부음 그리고 계속적으로 그 발에 입맞춤한다. 《요한복음》의 마리아는 예수의 발에 기름을 붓고 그녀의 머리로 닦아낸다. 입맞춤의 장면은 없다. 이것은 한편의 사랑 묘사다. 한 여인이 이스라엘의 왕, 하나님의 아들이라고 불리는 갈릴리 출신 청년을 사랑한다. 그녀는 예수가 유대의 법을 어겨가면서(안식일 법) 사람들을 치유하면 곧 죽임을 당할 수도 있음을 인지하고서 예수가 예루살렘으로 향하던 마지막 여정을 앞에 두고 자신이 자기의 결혼을 위해서 평생 준비해 둔 감송향유을 저장해 둔 백색의 석고 항아리를 깨트리기로 작정한다. 예수의 제자들은 예수가 예루살렘을 향하여 가는 모습에서 인간적 승리 성공을 그리며 그 뒤를 쫓아 갔는데 베다니 출신 마리아만이 예수의 죽음을 감지하고 이스라엘의 왕으로서 그 최후를 맞을 수 있도록 준비하고 있는 장면이다. 그래서 《요한복음》에서만 십자가에 달리신 예수의 머리맡에 '유대인의 왕'이라는 푯말이 히브리어, 라틴어, 그릭어로 쓰여 있다고 기술하고 있다. 유대인의 왕이라는 예수의 타이틀을 유대인의 전통으로 합법화, 예식화시킨 사건이 한 여인이 예수를 기름 부은 사건이다. 얼마나 대담하고 위험한 행동을 이렇게 아름답게 그릴 수 있단 말인가?

기름 부음 자체는 예수를 공식적으로 유대인의 왕으로 인정하는 예식이다. 예수의 발에 향유를 부었다는 것은 아이러니하게도 유대 전통에 죽은 자를 위해서 염을 할 때 마지막으로 하는 프로세스라고 한다. 마리아가 예수의 발에 그 비싼 향유를 부었을 때 예수의 반응은 어떠했는가? "내 장례를 위한 것이니 그녀를 내버려 둬라."

《요한복음》에 의하면 예수의 십자가 죽음 앞에서 세 여인이 등장하지만 부활절 첫날 예수의 몸에 기름을 바르러 가는 여인은 오직 한 여인

마리아뿐이다. 부활한 예수가 최초로 나타난 것도 바로 그 여인 앞이다. 그리고 예수가 Mary라고 이름을 부르자 부활한 예수를 알아차리고 그를 포옹하려고까지 한 여인, 그 친밀한 관계….

《마태복음》의 예수는 26장에 그녀의 기름 부음 행위에 대해 다음과 같이 반응한다. (26:12) "이 여자가 내 몸에 향유를 부은 것은 나의 장례를 위하여 한 것이다. (26:13) 나는 분명히 말한다. 온 세상 어디든지 이 복음이 전해지는 곳마다 이 여자가 한 일도 알려져서 사람들이 기억하게 될 것이다" 하고 말씀하셨다.

예수께서 그 여인이 한 일을 사람들이 기억할 것이라고 했지만 사실 그녀의 이름은 처음 세 복음서에는 알려져 있지 않았고 가장 늦게 기록된 《요한복음서(AD 90년)》에 이르러서야 베다니 여인 마리아로 기록된다. 그러나 기독교 역사를 통해 보면 그녀의 이름은 다시 감춰지고 《누가복음》에 묘사된 죄인으로서 혹은 길거리의 여인으로 그 등급이 강등되고 또 그런 취급을 받아 왔다. 예수가 개인적으로 사랑했던 한 가족, 나사로와 마르다, 그리고 그 여동생인 마리아는 요한복음에 의하면 죽기 전 예수를 기름 부은 여인으로 대제사장의 역할을 감당한 여인이다. 그렇게 함으로 예수를 이스라엘의 왕으로 최후를 맞이하게 한 여인, 그래서 그녀를 당대 사람들은 그녀에게 막달라라는 칭호를 덧붙여 준 것이다. 그 뜻은 높은 탑(Magdalene (the tower)), 위대함(Mary the

Great, Mary the Magnificient)을 의미한다. 단순한 어디 어디 출신을 일컫는 말이 아니다.

바리새인과 같은 기독교인에 의해서 몹시도 천대받고 창녀 취급 받아온 한 여인을 기억하면서 그녀가 누구이고 그녀의 위치를 제자리에 돌려놓을 필요가 있다. 베다니 출신 마리아는 대제사장의 역할을 했고 예수의 마지막 미션이 무엇인지 깨달은 유일한 제자이며 또 예수를 기름 부음으로써 예수를 그리스도 그리고 이스라엘의 왕이라는 것을 유대 전통 안에서 공식적으로 합법화시킨 인물이다. 우리가 앞으로 성례전을 행할 때마다 예수의 말씀처럼 이 여인을 기억하자. 긍정적으로….